いろは歌留多で説く
カウンセラー・心理療法家の心得

語り手
松井紀和　精神科医

聞き手・編者
手束邦洋　臨床心理士

はる書房

イラスト　淺井茉裕

本書について

二〇一三年一月から二〇一五年一月にかけての二年間、毎月一度、山梨県甲府市の日本臨床心理研究所にて、松井紀和先生にカウンセリング・心理療法の心得を語っていただいた対話の記録。

聞き手・編者　手束邦洋

目次

凡例 …… 8
い 意味のない話はない …… 9
ろ 論理的に聞かない方が良い …… 17
は 破壊的な言葉は受け入れて、行為は禁止する …… 22
に 肉親への思いは、治療の鍵になる …… 31
ほ 本心を語るには時間がかかる …… 38
へ 返答を求めてきたらワンテンポ置く …… 45
と 特別な扱いを求められても乗らない方が良い …… 50
ち 秩序だっていない話は重要な事が多い …… 54
り 理解し難い時は何とか分かろうと努力する …… 63
ぬ ぬるま湯につかっている時は抵抗を考える …… 67

る　ルールは崩さない方が良い……71
わ　分かったことと分からないことを明確化する……76
か　考えて分かることもあるが、直感的に分かることも多い……79
よ　余裕がないように見えたら、サポートが必要……82
た　たくさん話す時は吐き出してもらうしかない……91
れ　冷静さと共感のバランス……93
そ　想像力も必要だが、過ぎると毒にもなる……99
つ　つきあいを楽しんでいる時は、改善されたと思って良い……104
ね　眠ることへのこだわりは安眠を妨げる……106
な　涙は色々な意味を持っている……108
ら　楽になった時には、雑談が出ることが多い……111
む　無理していると感じた時は、たいていこちらも緊張している……112
う　恨みつらみは尽きることがない……114
の　能動性と受動性を使い分ける……118

お　落ち着く場がないのはつらいことである……122
く　苦しい時には、とりあえず休む機会を提供することが必要……126
や　休みが多い時は、抵抗を考える必要あり……130
ま　待つことは大切だが、待つだけでは駄目なこともあるので見極めが大切……132
け　検討は三か月に一回位は必要……135
ふ　不安定な時には、知性化も役立つ……137
こ　交流がスムースに出来る時は、状態の良い時である……141
え　笑顔が見えた時は、一山越えたと思って良い……143
て　適切なコメントは、内容よりタイミングである……146
あ　諦める時は、新しいものが出来た時である……152
さ　先行きが不安な時は、一緒に歩いてみる……159
き　気が乗らない時は、逆転移かもしれない……160
ゆ　夢を語る時は、治療者への強いメッセージと考えて良い……164
め　面と向かうのが苦手な人には構造を配慮する……166

み　見かけは多くのことを教えてくれるが、誤解のおそれもある……169
し　静かに耳を傾けるのが基本姿勢である……172
ひ　悲哀には黙って寄り添うしかない……173
も　モーニングワークは簡単ではない……175
せ　急いては事をし損じる……177
す　すらすらと語ることは解決済みのことである……181
付録　西洋的なものと日本的なもの……183
編者あとがき……194

凡例

1　見出しは松井紀和作「心理療法いろはカルタ」の言葉をそのまま用いたが、一部、漢字の使用法などをより一般的なものに改めた。

2　言葉の含蓄を考慮し、「カルタ」という表記は、表題のみ「歌留多」という漢字を用いた。

3　本文中（　）内は、編者による対話の内容についての補足である。

4　ページ末注は、一般読者の理解のために編者の責任で記した。

い

意味のない話はない

松井：意味のない話はない、というのは簡単に言うとね…
手束：はい。
松井：あの…意味が全部違うっていうことですよね。
手束：うん。
松井：人によって意味があるものがあるけれども、ある人にとって意味がないことが、別のある人にとってはものすごく大きな意味を持っているということがあるわけですよね。
手束：そうですね。
松井：ですから、話している人にとっては意味のあることしか話さない。
手束：うん。
松井：聞き手にとっては意味のないことかもしれない。
手束：うん。
松井：けれども意味があることかもしれないと思って聞かなきゃいけない、ってことを言っているわけですよね。あの、例えばね。
手東：うん。
松井：例えば、静岡から…
手東：ええ。
松井：山梨に来る時に、身延線を使うのが嫌で、東京経由で来るっていう人がいますよね。
手東：そうですか。
松井：東京経由で来たっていうことをね、話しますよね。
手東：ええ。
松井：それだけのことですよね。
手東：ええ。
松井：こちらが聞いていると。
手東：はい。
松井：けれども、身延線に乗れない、何かがあるかもしれないですよね。わざわざ東京を回ってくるっていうことは、時間もかかるし、金もかかる。
手東：ええ。
松井：身延線を使いたくないっていう何かがあるかもしれないわけですよ。

手束：あるかもしれないですね。
松井：その場合、ただの交通機関と考えている人にとっては「何の意味があるの？」ってことですよ。雑談ですよね。
手束：ええ。
松井：でもその人にとっては、身延線に乗らないってことにすごく意味があるかもしれないですよね。だから、意味がないことだっていうふうに聞いていても、その人にとっては意味のあることを話しているかもしれない。
手束：うん。
松井：それは分からないですよね。
手束：分からないです。
松井：だから、意味があるかもしれないって思って聞かなきゃいけない、ってことを言っているわけです。
手束：なるほど。
松井：それが皆違うということですよね、人によって、どういう意味があるのか。
手束：ええ。
松井：例えば麺類が好きだって言って、今日はざるそばを食べてきたっていうようなことを話したとしますね。
手束：うん。
松井：そうすると、「ああそう」って言って終わりですよね。
手束：ええ。
松井：けれども、ざるそば食べるのに意味があるかもしれないわけですよね。しかも精神療法の所に来て、その話をしたとすると、何か深い関係があるかもしれないわけですよね。例えば親がざるそばが好きだったから、何かこう、今日何を話そうかと思った時に、ふと、ざるそばのことを思い出したのかもしれない。そうすると、ざるそば食べたことにすごく意味があるわけですよね。ところがこっちは、何を食ったかなんてどうでもいいじゃないかと思って聞いている。
手束：うん。
松井：もしかすると、ざるそばにすごく意味があるかもしれない。

手束：はい。

松井：だから、そんなものは日常会話だって言って切り捨てないで、聞いておく必要があるっていうことです。

手束：そうですね。

松井：精神療法に来た場合、あるいはカウンセリングでもそうだけれども、全く本人にとって意味のないことは話さないと思うんですね。こちらから「電車混んでいました？」って聞けば「混んでいました」って答えるだけかもしれないけれども。自発的に話すことって必ず意味があると思うんですよね。

手束：うん。

松井：構えて来ますからね、今日はどうしようかとか、何話そうかって。いくら何話してもいいんだってことになっていても、事前に今日は何を話そうか、こないだ何を話したんだっけって考えますよね。

手束：ええ。カウンセリングとか心理療法にやって来られる方は……

松井：だから意味のないことは出てこないことが多いんですよね。必ず意味を持っているわけです。意味が重いか、軽いかはともかくとして、必ず意味があることを話していると思うんです。そんなふうに理解する必要があると思うんですね。

手東：自分が悩んでいることを、家族とか周囲の人たちに話した時に、意味のないものとして受け取られるんじゃないかと思っていたり、実際そう受け取られていたりする方は少なくないですよね。ご本人自身も自分の悩みが意味のない悩みなんではないかと……。

松井：強迫観念ていうのがありますよね。

手東：ええ。

松井：強迫観念ていうのは置き換え[※1]ですよね。

手東：はいはい。そうですよね。

松井：置き換えだけれども、何の根拠もない置き換えじゃないですよね。

手東：ええ。

松井：例えば自分が細菌に感染しているんじゃないかって思いますよね。

手東：ええ。

松井：そんな細菌に感染しているわけないじゃないかという風に、一般的には言いますよね。

手東：ええ。

松井：だけど細菌に感染しているんじゃないかって強迫観念にとらわれている人がいますね。

手東：ええ。

松井：ばかばかしいことみたいだけれども、なぜ細菌に感染していると思って恐怖を感じるのかっていうことには意味があるわけです。

手東：ええ。そうですね。

松井：普通に話すと、ばかばかしいことを悩んでいるなっていうことになりますね。

手東：うん。

松井：何かが置き換えられている、置き換えられているそのもの（感染）は全く意味のないことではなくて、本人にとっては意味のあることですよね。けれども、常識的に考えると意味がない。

手東：ええ。

松井：細菌に感染する機会がないんだから、そんなこと起こるわけないじゃないかって、（一般には）判断しますよね。

手東：うん。

松井：けれども、細菌でもウィルスでもとにかく感染したんじゃないかっていうふうに、思っている。

※1　**置き換え**：フロイト（一八五六－一九三九）が示した症状形成の仕組み。意識することが禁止されている観念が、意識可能な観念に置き換えられて心のエネルギーが移動すること。本来の恐怖が他の恐怖に置き換えられる。

手束：はい。
松井：それが（意味がない話はないということの）一番いい例じゃないでしょうかね。
手束：なるほど。
松井：（怖いものが）なぜ細菌になっているのかっていうことに関しては、歴史があるわけですよね、何らかの、その人にとっての。それから、なぜ置き換えているのかっていうことにも意味がある。なぜその細菌に置き換えられなければならないのか。それは、本来のものを、細菌に置き換えて悩んでいるわけです。
手束：うん。
松井：だから、それが本来のものになった時には、解決の道はありますよね。
手束：うん。
松井：ただ、本来のものがあまりにもきつい、厳しいっていうか、きついがゆえに細菌に感染しているんじゃないかっていう不安になってしまっているわけですよね。
手束：ええ。
松井：それにはすごく大きな意味があるわけです。だけれども常識的に考えると、無意味なことになってしまう。だからカウンセラーとかサイコセラピストは、常識的な意味での、意味があるとかないとかっていうことで判断してはいけないということです。

ろ　論理的に聞かない方が良い

手束：論理的に聞かない方がいいっていうのは、えてして論理的に聞いてしまうということに対して言っておられるんですね。理屈で言うとこうなるよねっていう…
松井：セラピストは常に作るわけですね、話を。
手束：はい。
松井：こうなって、こうだからこうだろうという。そうやって、作っているところに話が来ると、そら来たっていうことで（笑）。
手束：（笑）。
松井：すぐにでしゃばるんですね。この人はエディプスコンプレックス※2があるんだとか、そういう知っている理論と結びつけて聞いてしまう。そうすると論理的に聞いてしまうことに

※2　**エディプスコンプレックス**：フロイトの提唱した概念。男児は母親の愛情をめぐって父親と葛藤し、女児は父親の愛情をめぐって母親と葛藤する。現在の神経症的問題にそれらの葛藤が反復されている。

なるわけです。それは怖いですよね。論理づけて、たいした資料はないんだけれども、自分の中の理論と結びつけて、物語を作ってしまう危険がある。それはやっぱり危険なことだと思うんです。思い込んで解釈してしまう。結局聞く耳を阻害してしまうことがあるわけですよね。だからやっぱり、ニュートラルに聞かなきゃいけない。

手束：こちらの持っている理屈の体系っていうか。それに合ったと思うと……

松井：喜んでしまうわけですよ。ああ、やっぱりそうだってね。患者さんが来ると、すぐにね、初診の時に、こうではないかと予想しますよね。例えば、マザコンみたいなのがあって、母親との関係がうまくいっていないんじゃないかとか、どうしても考えますよね。こちらは理論が分かっているから、そう聞いてしまうわけです。そうするとね、それはとっても危険なことだと思うんです。

手束：そうならないようにするっていうのは、やっぱり、難しいですよね。

松井：難しいと思いますよ。だからあの、フロイトが言っている、free floating attention（自由に漂う注意）をもじって言えば free floating hearing（自由に漂うように聞く）ですよね、傾聴 listening っていうか。だから、こう、浮かんだこと、出てきたことをそのまま こう、留めておくっていうか。

手束：ええ。

松井：後でそれを結びつけるのはいいんだけれどね。どんどんそれを結びつけていこうっていう傾向があるから。それはなるべくしない方がいいってことです。free floating hearingってのは、先入観なしに聞く、っていうことですよね。

手束：浮かんでくることの中に、患者さんの言葉もあるけれども、セラピストの側に浮かんでくる、ああエディプスコンプレックスだとか、これは、統合失調症の症状かなとか、そういう考え自体も、心の中に浮かんでくるままに、他のことと一緒に見ているっていうことですね。

松井：そうですね。で、それで一つに絞らないっていうことです。あ、エディプスだ、と思ったら、聞いたような話がみんなエディプスとつながってきてしまうわけですよね。

手束：ええ。

松井：だから、私の言っていることは、セラピストは絶対ではない、セラピストも人間だから先入観にとらわれたりする。それから……聞き逃したり。そういうことを結構やっているんだよっていうことを言いたいですね。

手束：それは、突き詰めると、ほとんどこう、無の状態というのか。

松井：そうですね。

手束：ええ。空しく、己を空しくして。

松井：まあ、変な話ですけれども禅の感じですね。西洋禅なんです。精神分析っていうのは。

手束：西洋禅……、そうか。セラピスト側のクライエントを理解する枠組みというか、そういったものでクライエントの話を聞いてしまうと、何か分かったような気になってしまう危険がある。で、それをクライエントに返してしまって、クライエントの話が自由に進まなくなってしまう……。理解するための枠組み、理論、あるいは知識とか、そういったものを一旦なしにして、無の境地に。

松井：うん、無の境地。

手束：こちらに起こってくる自分の感情とか考えとか、それもそのまま受け取っていくということ……

松井：あの、端的に言えばね。向こうも自由連想しているけれども、こちらも、自由連想しているわけですよ。患者さんが話したことで、自由連想していく。

手束：ええ。

松井：ところが我々が会話する時に、往々にして相手の話をまとめますよね。要するに、何を言いたいのか、何を言っているのかっていうことを。こちら側のセオリーに合わせて理解しようとする傾向がありますね。

手束：ええ。

松井：それを捨てないと。で、自由連想的に聞かないと大事なものが出てこなくなってしまう。こちらの道筋で理解してしまうと誤解してしまうわけですね。そのことを言っているわけです。

は 破壊的な言葉は受け入れて、行為は禁止する

松井：面接室内で、どんなことを語るのも自由。いくら話してもいいけれども、行動としてはここではしない。しないようにしてくださいっていう、これは禁止ですよね。面接室の中での論理ですね。

手束：つまり、気持ちを語るのは自由であって、その話の中身が、破壊的なものであっても、それを言葉で語る限りはうかがいましょうってことで。で、その話について考えていこうってことですね。禁止は、話を進めることを妨げるような、暴力的なこととか……

松井：結局それ（禁止）ね、あまり言わないですよ、実際は。その恐れがある場合には言いますけれどね、急に立ち上がったりなんかした時には、ここでは行動してはいけないことになっていますから、ってことは言うけれども、最初から言わないですね、あんまり。言うとかえっておかしくなってしまうんですよね。だから言わないことが多いと思います。

手束：それは、自由に話しながら一緒に考えていきましょうよってことに含まれていると言えますね。

松井：含まれるわけですね。ただやっぱり、禁止をしとかないと、困る患者さんもいますからね。行動化[※3]してしまう患者さんがいるから、その場合は禁止しなきゃいかんですよね。だから、言葉としてはそれ（禁止）があってもいいと思うんですが、文書で決めるというようなことは、一般的な原則としては必要ないと思うんですけれどもね。というのは、そういう場合は大体、深い問題のカウンセリングとか精神療法をやらない、浅いレベルの問題の時が多いと思うんで。ボーダーライン[※4]なんかでアクティングアウト（行動化）が出てきそうな人の場合は、その危険性があった時に言葉でやればいいんで、ルールとして言わなければならないことではないと思うんですね。法律みたいにきちんと決めてやるようなことではないと思うんです。それはもう臨機応変ですね。

手束：先生のこの文言の「破壊的なもの」っていうのは、カウンセリングや心理療法に対する破壊的な言葉とか行為ですね。

松井：そうですね。まあ主に暴力ですね。暴力と、性的な行動化ですね。

※3　**行動化**：心の無意識的な内容を想い起こす代わりに行動で現すこと。

※4　**ボーダーライン**：病態水準（深さ）を表す言葉。統合失調症や鬱病などの精神病水準と、強迫神経症などの神経症水準との間の境界領域を言う。

手束：手を握るとか、そういうことを許容することが、その場でのある種の落ち着きをもたらすこともあるように思いますが、それは話が十分に深まっていない、聞けていないが故のことなんだろうと思います。

松井：性的なことっていうのは、手を握ったりすることも、エスカレートする可能性がありますよね。エスカレートしてしまった時に、困りますよね。だから、やっぱり、こちらは少なくとも避けた方がいいですよね。向こうがしてきたことをある程度は許容できたとしても、性的欲求っていうのはエスカレートしてしまうから、あまり応じない方がいいと思うんです。でも若干の、手を握るとかなんとかっていうのは、私も終わりの時はやりますね。全体の終わりで。今日で終わりっていう時は、じゃあって、握手して別れることがありますね。玄関で握手して、そのまま出て行って終わりですけどね。それはやることあります。性的なものに発展する可能性がゼロですからね。本当にドアから出て行く時だけですからね。

手束：ええ。

松井：例えば五～六年やってると、やっぱり、そういう感じが、起こるのが当然じゃないですかね。

手束：ある意味親密になりますよね。親密にならないと始まらないっていうこともある。その親密さとは、何か一致している感じとか、調和している感じですが、そういうことが場合によっては性的な行動化っていうことの地盤になるわけですね。そこのところを、そちらのほう（行動化）には行かないで、より話を深める方向でやっていけばいいんだと思うのですが。

松井：セラピストの許容性じゃないんですか？　どの程度だったら許容できるかっていうことで決まってくるんじゃないですかね。要するに、言語化するっていうか、語るということが、中心ですからね。語ること、話すことの中に、アグレッション[※5]も性的なものも全部こう、含めていくということでね。

手束：話すっていうことの意味合い、価値を持っていないとだめですね。

松井：そうですね。

手束：話すことで何かが変化していくと。ハナスだから、放すってこと…。

松井：そのことに距離を持つことですよね。ニュートラルになるわけですね。情緒的なものも鎮まるというか、distanciation[※6]っていうのかな。

手束：distanciation、distance（距離）を置くっていうことですね。異化というのか。

※5　**アグレッション aggression**：攻撃、攻撃性。
※6　**distanciation** はフランス語。effet de distanciation で「異化作用」。

松井：うん。まぁ、カウンセリングってのは基本的にそうですよね。話すことによって、情緒が緩むというか、そういうことを目指しているわけですからね。あるいは自殺したい人も、カウンセリングによって、自殺したい気持ちを言語化することによって、実際の行為をすることのブレーキになるわけで。

手束：話すということがメインにやれるかどうかですよね。暴力の爆発とか性的な行動化自体が目的になってしまったらどうにもならない。話すことでそういう衝動の元になっている何か別のものが見えてくる、そのことが本人とセラピストの中に準備されていないと、だめだということですね。

松井：そういうことです。

手束：自殺も破壊ですね。最大の破壊ですね。死にたくなるんですということを述懐していたり、過去に未遂の経緯があるケースもあります。カウンセリングの中で、一見だんだん前向きになっていったとしても、そのうちに時々、身体的な不調を訴えてキャンセルすることが増えたり、キャンセルの通知を本人がした覚えがないとか、本人もよく覚えてない経緯でどこかに行って帰って来たり……。症状が緩和してきたり対人関係が改善して、こちらも何とかやれるかなと思いだして、クライエントも前向きになってきていると、こちらもだまされるというか、少々安心してしまって、危機を軽視してしまうことが起こる。解離[※7]下で、意識下で何か危険なことが起こっているということが、表面の前向きな言動で見えなくなってしまうことがある。そういうことをキャッチしていなければならないわけですが。

松井：うん……、自殺というのは、対人自殺ですね、ほとんど。

手束：対人？

松井：対人自殺。必ず誰かに向けて死んでいますよね。ほとんどが対人自殺ですよね、若い人の場合は。老人の場合は、対人自殺ではないこともありますけれどもね。だけれども若い人の場合は、子どもから、思春期、青年期にかけてのは、ほとんど対人自殺ですね。必ずそれを見せたい人がいるというか、誰かに向けて自殺しているというか。憎しみですよね。憎しみを誰かに向けているのを自分に向けるっていうか、だから自殺が最大の攻撃になるわけですよね。自殺したということを、相手に対して思い知らせるというか、そういうのが（動機の）大部分ですよね。中学生なんかで自殺とかよくあるじゃないですか、いじめられて。非常に分かりやすい、いじめた相手に対するアグレッションがありますよね。だけれども、これはあんまり言えないことなんだけれども、親に対するアグレッションがあると思うんですね。アグレッションがあるけれども、親に対しては向けられなくて、いじめられた相

※7　**解離**：意識、記憶、知覚、人格などが一次的に統合を失う状態。

手、他人に向けている。だからその辺はね、みんな隠れてしまうんですよ。親に対するアグレッションではなくて、いじめの問題として、社会問題として取り上げられますよね。アグレッションがあるんだけれども、それに親が気づいていないことが多いですよ。今の、中学生や高校生なんかのいじめによる自殺っていうのは。で、いじめのことだけが問題、話題になるんだけれども、私はそうではないと思うんですね。ただ、その辺は触れられないんですよね。

手束：そうですね。

松井：自殺と鬱は、つながっていますよね。

手束：身近な人への攻撃心が相手には向けられなくて、自分を責める。

松井：ええ、攻撃ですよね。フロイトの『悲哀とメランコリー』[※8]にあるような、取り入れている対象に対する憎しみが自分に向けられているというね。相手を取り入れて、だから、依存ですよね。依存対象を心の中に入れているけれど、その依存対象に対するアグレッションがあるから、取り入れた自分を攻撃する、これが鬱だという論文ですが、まさに私は（自殺も）そうだと思うんですね。

手束：はい。

松井：だから自殺の本当の理由っていうのは、ほとんど分からないですよね。自殺未遂の人の場合は、ある程度は解を得られることがありますけれどね。既遂してしまった人のことは分かんないです。だから、一番分かりやすいいじめや暴力を原因としてとらえていますよね。分かりやすいから原因をみんなそこに押し付けていますよね。

手束：当事者も分からないってことがあるような気がしますね。

松井：ええ、あるでしょうね。家族も分からない、本人も気付いていないですよね。無意識ですからね。本人も分からないし家族も分からない、誰にも分からない、だから想像しかできない。

※8　フロイト一九一七の論文。重要な人物を失った時に、人は「モーニングワーク mourning work（喪の仕事）」（後出）を課せられると説き、鬱は、これがうまくいかない状態であるとした。

手束：自殺に関しては「禁止」することがよいのだろうか、そのことに関しては何かお話をうかがえますか。

松井：自殺がいけないって言うのではなくて、今度いらっしゃるまで、死なないでくださいねって、そんなふうに言うということはよく聞きますね。禁止というよりは生きていてくださいって言うことで、つないでいくというか。で、そこでアグレッションが表出できるようになれば助かるというかね。アグレッションが言語化されるようになれば、自殺までいかなくてもすむというか。ただ、禁止しようがないですよね、自殺は。他殺は禁止できるけれど、自殺は禁止できない。だから死なないでくださいって言うしかない。ただ、言ってはいけないのは「家族が困るよ」とか、「嘆くよ」とかのある種の禁止の言葉ですね。それは言ってはいけないということはよく言いますね。誰かが困るからとか、心配するからとか、嘆くからではなくて「私が生きていてほしいと思う」というふうに、そういうことを伝えることで、何とかとりあえず次の日まで持たせるというね。そういうことが継続して行われるということが多いんじゃないでしょうか。禁止はできないと思いますよ。

に　肉親への思いは、治療の鍵になる

手束：クライエントの話を聞いていると、なかなか語られなかった、あるいは本人も気づいていなかった肉親に対する恨みとか怒りですね、そういうものに行き当たることが多いです。

松井：結局さかのぼると、ほとんど肉親に行ってしまいますよね。例えば会社の社長との関係とか、課長との関係とかっていうようなものも、さかのぼって行けば父親との関係とか、そういうことになっていきますよね。だから、父親転移が起こって、そこである程度、緩和されてくることによって解決するっていうかね。そういうことが多いと思うんですよね。

手束：ええ。

松井：だからやっぱり鍵になるんじゃないでしょうか。基本的には肉親ということが。家族、親とか、兄弟とか、いや、ほとんど親ですよね。

手束：ええ。

松井：よく会社を休職中の鬱の人が来るんですけれどね、とりあえず話すのは、上司とか、同僚とかの悪口を言うんですけれども、ずーっと話していると、やっぱりその元は父親との関係とか、母親との関係に行きますね、どうしてもね。で、その辺が出てこないと解決しないような感じがしますね。

手束：例えば父親に対する恨みとか怒り、憎しみが出て来る。父親に対しては出せなかった色々な感情が、セラピストに対しては出せる。転移[※9]ということの理解ですが、自分の父親に向けられていた感情がそのまま繰り返しセラピストに向けられるというより、セラピストが父親を超えるものになっているんでしょうか。

松井：父親を超えるっていうよりは、new father ですね。

手束：new father ですか。ああ。

松井：ええ、だから、無視するんじゃなくて、怒るんじゃなくて、話を聞いて受け入れてくれる父親がそこに存在するというか、転移した父親っていうのは、昔の父親とは違いますよね。それで修正解決ができるんじゃないですかね。心理療法を通じてもう一度父親を見直すことができるっていうか、やむを得ずそうしていたとか、あるいは父親も苦しかったんじゃないかとか、そういうような見方ができてくるというかね。

手束：はい。

松井：転移を通して肉親との関係が改善されていく。そうすると、もともとの症状を作った大元が消えてくるっていうか。そうやって、分析の場合は、解消されるわけですよね。

手束：うん。

松井：だから転移が起こってきて、その転移が実際の父親とは違う関係になってくるっていうことが、すごく大切ですよね。でもね、ここで一つ大切なことは、感情はすべてアンビバレンツ[※10]だということですね。アンビバレンツだからこそ問題が起こるわけです。憎いだけだったらどうってことないわけですよ。蹴飛ばせばいいわけですからね。けれどもやっぱり愛していているっていうか、依存している。

手束：そうですね。

松井：依存対象が憎い、けれども憎むわけにいかない。だから結局自分に（憎しみを）向けなきゃならない。この、アンビバレンツなものが基本的な病理を作るんじゃないですかね。

手束：ええ。

松井：これはフロイトも言っていますね。感情はすべてアンビバレンツだとね。

手束：全て。

松井：愛一本なことはないと。必ず憎しみがどこかにくっついていると。それは量の問題で

※9　**転移**：肉親など過去の重要な人物への感情がセラピストなどに反復して向けられること。

※10　**アンビバレンツ Ambivalenz**：ドイツ語。愛と憎しみのような、相反する感情や態度が同時にある状態。

ね。愛が強い時には、憎しみは抑圧[※11]されてしまって分からない。憎しみが強くなると、愛情の部分は抑圧されてしまって分かんなくなってしまうと。だから一方づいているように見えるけれども実はアンビバレンツだってことをフロイトは言っていますよね。必ず反面がくっついているってのをね。

手束：ええ。

松井：くっついているからこそ、鬱とか、自殺とかっていうことになるんでしょうね。

手束：ええ。

松井：本当に愛されたい依存対象に、愛されないっていうか。そこが一番悲劇なんですよね。憎み切れないというか、憎んだらケンカしてしまえばいいんでしょうけどね。依存対象であるが故に憎み切れない、ケンカもできない、そこが悲劇なんですよね。だからアンビバレンツなことに着目することが一番大切なんじゃないでしょうか。感情はアンビバレンツであるっていうことですね。

手束：母親が無関心であったり、何かにつけてクライエントの思いとはかけ離れたことしか語らないとか、さっぱりペースが合わないとか、あるいは理不尽なことを言ったりやったりするなど、色々だと思いますが、結局そういう母親だけれども、そういう母親にこそ、いつかは分かってもらいたいとか、認めてもらいたいと、色んな形で広く努力する人がいますよね。

松井：うん、そうですね。

手束：様々なことを自分に課して一生懸命やっている、そのことを認めてもらいたいという。でも結局認められなくて、心の報酬を得ることができなくて、どこかで破綻して、崩れていくっていうようなこともあるわけですね。

松井：つきつめていくと母親に到着しますね。父親とうまくいかなくても、母親とうまくいっていれば、ある程度は、何ていうか、修正されるんですよね。お父さんは、あれはああいう人だ

※**11**　**抑圧**：受け入れ難い自己の思いや記憶を意識から無意識の中に追いやり、閉じこめる心の働き。自我の基本的な防衛機制。

から仕方がないっていうことで、父親に対する依存をあきらめて、母親に依存してしまうというかな。だから、つきつめていくとどうしても母親に行ってしまいますよね。

手束：その母親にも依存できないってことがやっぱりあるわけですね。父親は何かにつけて大声を出して叱りつける。隣近所とか親類の悪口ばっかり言っている。そういう父親に対する怖れと不満があるわけだけれども、それを母親に告げようにも、母親は父親を恐れて機嫌を損ねないことだけに汲々としている。結局どこにも不満とか不安を訴えることができない、というようなことがありますね。

松井：救いがないですよね。精神的な障害を持つことになるような人にはそういう状況がほとんどいつもあるんじゃないでしょうか。どこかに救いがあれば、例えば、兄貴だとか、お姉さんが代わりをやってくれているとかね。あるいは、すごい恋人ができて、その人が受け入れてくれるとか。そういう代わりができていれば、病気にならなくてすんでいると思うんですね。学校の先生とか、家庭教師が代わりをすることもありますよね。そういうことは結構救いになると思うんですけれどもね。でもどこにも救いがないというのもありますよね。

手束：両親の代理になるような人物が外部に得られている間はまあいいけれど、それがなくなった時に、本当に危機的な状況になってしまう。

松井：カウンセラーってのが大事ですよね。わりとうまい代理というか。両親の代理になっているわけですね。

手束：そういう人が被害妄想的になっても、何とか落ち着いているのは、結局カウンセラーが依存対象になっているわけですね。

松井：うん。

手束：そういう思いを抱えながら依存できる対象を探して、配偶者を見つける人もいますね。配偶者は自分の言うことを聞いてくれて、だから依存できるんだけれども、でもその配偶者がまた非常に依存的な人でありうるわけで……。

松井：いや、しばしばクライエントは、（不満を持っている）自分の親と似た人と結婚するんですよ。アンビバレンツの一方の面、ポジティブの方の面が、配偶者などの対象を選択する時に無意識的に関与するわけです。

手束：そういう人は、依存対象が同時に不安に陥れるような対象になってしまうのでとても疑い深くなってしまいます。それでカウンセラーが、一応信頼できる対象になっている。肉親への思いはカウンセラーに集中して来る、するとカウンセラーの存在が治療の鍵だということになりますね。

ほ 本心を語るには時間がかかる

手束：本心を語るには時間がかかる、と。
松井：一定の時間はやっぱり必要だと思うんですね。「急《せ》いては事を仕損じる」（後出）ということですね。
手束：ええ。
松井：どのくらい待てばいいかってのはその人によって違うわけだから、それはアセスメント[※12]で、ある程度自分（本心）の方に向かっても大丈夫だなっていう様子が見られた時に、あるいは、関係がすごくよくなっていた時には…向かってもいいというか、その辺の判断はセラピストがせざるを得ないですよね。
手束：うん。
松井：だからそれは判断によるのではないですか。どのくらい待つのかっていうのは。ただ何年も待つっていうわけにいかないですよね。どこかで介入しなきゃならないですよね。
手束：それ（本心を語ること）を早めようと思って早めることができるクライエントは、いわばその準備ができているというか。介入しても全く心が動かない人もいるという感じがしますが。

松井：介入の仕方によるのではないですか？　本人が話していることを否定するような形で、「あなたにも問題があるんじゃないですか」みたいなことをやってはまずいと思うんです。それは危険ですよね。けれども例えば、「そういう環境の中にいて大変ですね」みたいな感じでサポートしていけば、自分の感情とか、自分に対して気持ちが向かうことになりますよね。だから本心を引出そうと意図的にやるような操作はしない方がいいですね。けれども、本心が自ずと出てくるような操作ってのは、やってもいいと思うんですよ。

手束：はい。

松井：飾るのではなくて、本当の気持ちを語ってくれれば、恨みであろうと何であろうと、それは本心と見ますよね。ただ、それをいきなり語るっていうことは、ないわけではないけれども、極めて少ない。みんなやっぱり日常のマナーの中で生きていますからね。カウンセリングといえども、相手をそんなに悪くしないで語るとか、なんかこう、そういう飾りをす

※12　**アセスメント**：クライエントの症状、心理的問題、状態像、自我の安定性、人格傾向、治療の可能性などについての全体的な判断。通常初回面接時に行うが、その後も随時行う。見立てとも言う。

るっていうか、その飾りがある時に、自らその飾りを取って出てくればそれが本心ですよね。だから、自分の方に向かうものでなくても、本当の気持ちが語られればそれでいいと思うんです。ここで言っているのは、本心を語るには時間がかかるっていうことであって、例えば親に対する恨みであっても、あるいは夫に対する恨みとか、妻に対する恨みであっても、なかなかそういうのをストレートに言えなくて、何となくごまかしているうちにだんだん（時間とともに）、ストレートになってくるというかね。ただそのことと、自分（自己洞察）に向かうっていうことはまた別問題だと思うんです。

手束：本心を語ることと自分の問題に向かうということとは別だと。

松井：ボーダーラインの人なんかまず向かわないですよね。周りが悪いってことですから自分の問題には向かわないですよね。その逆もありますよね。鬱なんかの場合、自分の問題として語っているけれども、本心を言うとむしろ父親に対する怒りとか、上司に対する怒りがあるんだけれども、そういうのが出てこなくて、自分に問題があるという形で語っていますね。恨みが出てくる前に自分を責めているわけですね。その場合は自分に向かっているけれども本心が出ていないわけです。その場合は恨みが出ることが本心が出ることになりますよ。だから本心を語るっていうことと自己洞察ということとは別問題なんですね。

手束：はい。

松井：セラピストは自己洞察してほしいと希望するけれども、自己洞察するのは大変ですよね。これは普通の人にはなかなか難しいですよ。よほど強い人でないと。自分の真実を見ることができる人っていうのはすごく強い人ですよね。何年やっても向かえない人がいますよね、自己洞察には。でも生活自体は改善されているっていうか。よくありますよね。だから、吐き出すだけ吐き出して、生活は改善されているっていうのもそれはそれでいいんじゃないですか。病理の深さによって、早く自己洞察に行く人もあれば、どこまで行っても自己洞察にならない人もいますよね。でもそれはしょうがないですよね。

手束：うん。

松井：本心っていうのは、語ると恥ずかしいとかみっともないとか、マイナスの評価をされるんじゃないかとか。それで語れなくて抑えているものが本心でしょうね。本心っていうのは自分自身で語らずに抑えていること。言えないでいることですよね。

手束：隠されている事柄。

松井：無意識のうちに隠しているものはいっぱいありますよね。自分で気づいてない自分ですね。それに至るっていうことは、これは自己洞察だと思うんですよね。それに対して自分が意識して隠している、自分が意図的に話さないで隠しているのが本心だと思うんですね。

手束：はい。

松井：だからいっぱいあると思うんです、本心っていうのは。話したいけれども話せない、やはり話したらやばいなとか、そういうようなことで抑えてしまっている、ブレーキをかけてしまっているのが本心ですよね。馬鹿にされるんじゃないかとか、怒られるんじゃないかとか思っているうちはだめですよね。安心できる関係にならないと出てこないと思うんですね。そこから先の自己洞察はまた別だと思うんです。本心はこれまで自分が意識して隠しているものですね。

手束：はい。

松井：本心を語ってもらうには、むしろあんまりいろいろ聞いたり詮索したりしない、ということが大切なんじゃないですかね。黙って聞いていること、うなずいて聞いていることが大切で、そうしているうちに、クライエントが安心してきて、こんなこと話してもいいかなって思えるようになると思うんですよね。

手束：ええ。

松井：だから、あれこれ聞くのはむしろ逆になることがありますよね。追及されるんじゃないかって思って、本音が語られなくなってしまうってことがありますよね。だからむしろ黙って聞くっていうか、うなずきながら聞くっていうこと、サポートするっていうことが本心を語るってことを早めることになる可能性はありますよね。だから要するに私が言っているのは、語ってもらおうと思って、急いで聞こうとすることを、禁じているわけです。
手束：ええ。
松井：だから、時間がかかると思っていたほうがいいと。安心できる関係ができるまでには時間がかかるわけだから、いきなり最初から本心が出るわけないんだから、時間がかかりますよっていうことを言っているわけです。特に聞いたり聞き出したりしなくても、信頼関係ができれば、本音を、本心を語ることができるようになるというだけのことですね。
手束：時間っていうのは、人間関係ですね。
松井：そうですね。これは友達もそうじゃないですか？　友人関係だって、内々のことはね、話すっていうのは相当親友にならないと話せないですよね。
手束：ええ。そうですね。
松井：よくね、「実は」って言い出すことがあるでしょ。
手束：「実は」ね、うん。
松井：「実は」が本心ですよね。
手束：そうですね。
松井：この前はこんなふうに話したんけれども、「実は」こういうことがあって、と話し出すことがありますね。それが本心じゃないですかね。初めての所に行った時にはちょっと警戒しますよね。相手がどんな人か分からないわけだから。だからやっぱり、何回か来ないと、本心は出ないですね。人間関係、信頼感みたいなものがどれくらいあるかによって、時間が変わってくると思うんですね。

手束：警戒がありそうな時は、警戒心を尊重してあげるというのか。

松井：そうですね。だから、あわてていろいろ聞かないってことですね。長く、数回やっていると、出てきやすいですよね本心が。

へ 返答を求めてきたらワンテンポ置く

松井：どうしたらいいですか、どうしたらいいですか、としつこいくらい聞いてくる人、いますよね。クライエントは焦っていて、何か名回答があるんじゃないかと期待しているわけですよね。病院に行ったほうがいいでしょうか、とか、薬飲んだほうがいいでしょうか、とかね。それから、配偶者の異性交流問題をどうしたらいいんでしょうか、とかね。聞かれることがありますよね。それで話しているうちに質問が消えることがありますよね。

手束：親子の関係でもありますね。親が子どもに対してどうすればいいかとか。

松井：私が理想的だと思うのは、消えることですね。質問が消えることを狙いますね。話しているうちに質問があんまり意味がなくなってくるというか、そういうことが多いと思うんですね。よく話聞いていると。

手束：私もそのスタンスなんですが、結局聞いてはくれたけれども、どうしたらいいか分からないという、そういう問いが残ってしまうことがあります。

松井：質問の内容を詳しく聞くわけですね。詳しく聞いているうちに回答しなくてもよくなることがありますよね。ということは、聞いているうちに答えが（クライエントの中に）出てきてしまうことがあるんですよね。こちらがこうしたほうがいいですよ、とか、それはこうですよ、と言わなくても、聞いているうちに安心してしまうというか満足してしまうことがある。それが理想だというふうに思いますね。

手束：どうしたらいいかと言われてもこちらも分からないことが多いですね。聞いているうちに、配偶者の理解が得られないとか、一人で考え込んでいるとかの状況が語られていき、いろいろな問題が出てくるうちに、その人が自然に答えを出したり、問題にしばし耐えることができるようになる。とりあえずそういう余裕を持ってもらうということを考えますね。

松井：ワンテンポというのは何回か後にということではなく、即答しないで詳しく聞くということで、即答しないで、もう少し息子さんの話を聞かせてください、というようなことですね。答えるためには、情報をもうちょっと聞かないと簡単には答えられない、ということで即答しないほうがいいと言っているわけです。当然、質問に答える必要があることも、少なからずあると思うんです。クリニックに行ったほうがいいですよ、というようなことは言ったほうがいいかもしれない。ただ、いきなりそう言うんじゃなくて、少し様子を聞いて、だったらクリニックに行く手もありますね、行ってみる価値はあるかもしれません、というように答えるのだったらいいと思う。いきなり即答してしまうと間違えてしまうことが多いと思うんですね。こういう場合もありますよ。病院に行ったら薬を飲めと言われた、と。その薬を持ってきて、この薬を飲んだ方がいいですか、とかね。難しいですよ。私が医者だから判断を求められるんです。薬の処方箋まで持ってきて、飲んだ方がいいでしょうか、と。その場合も私は即答はしないです。

手束：ワンテンポ置くけれども、対応は考える……。

松井：対応を考えるけれどもワンテンポ置くということですね。答える前に、もうちょっと質問するほうがいい。よく理解するために。しかし即答できないのに即答を求められることがあるわけでね。答えを急かされるわけですよね。たいていはそういう（答えを急かす）人は質問責

めにする人が多い。依存的で、どうしたらいいですか、どうしたらいいですかと何回も聞く人がいますよね。何か決めてもらいたいみたいな。

手束：だからこそワンテンポ置かなきゃいけない。

松井：ええ。たいていのカウンセラーはワンテンポ置いていると思うんですよね。だって答えられないですからね。薬の問題じゃなくても、配偶者の文句をさんざん言って配偶者と別れるしかないですか、とか言われて、そのほうがいいなんて言えないですよね（笑）。

手束：テンポって音楽では重要な言葉ですね。速度を落としましょうとか、ひとつ間合いを置きましょうとか、ちょっとちがうテンポで進めようということなんですね。転調とも言えるのかな。

松井：結構多いですよ。即答を求めて来る人が。どっか別の所にかかっているとかね、受診しているとか、そういう場合に、わりあい即答を求められますね。セカンドオピニオンを求めて来る方がいますから。私の所なんかそれが多いですね。よそでカウンセリングを受けていて、そのカウンセリングに疑問を持って来ることあるんですよね。一番難しいですね。カウンセリングを三年くらい受けていてしっくりしなくて来た、とかね。そこのカウンセラーにこういうことが問題だと言われました、とか言って来る人がいるんですよね。難しいですね。そういう時の対応が。答えられないわけですよね。分かんないから。なんでそう言ったのか。そういうことありませんか？　そういう場合はどうします？

手束：やはり本人の現状について聞いて、カウンセリングがどういうふうに進んでいるかを想定しながら、本人がそういう思いになっていることに共感してあげる。だからといって中断をするのはもったいないですねみたいな、そういう展開が多いかな。

松井：カウンセリングもセカンドオピニオンというのがありうると思うんです。よそでなされたアセスメントについても、明らかにアセスメントミスしていることが分かる時があるけれども、そういう時は難しいですね。直接カウンセラーが紹介してよこすなら問題ないですよ。ただ、紹介の場合も、前のカウンセラーに言われたことを、さかんにカウンセリングの場で言うんですよね、ああ言われた、こう言われたと。対応が難しいですね

手束：その場合もセカンドオピニオンというか、新しいオピニオンを待っているわけでしょうね。先生に期待しているんでしょうね。

松井：その逆もあるわけですよね。こちらで話したことを、そっくりどこかのカウンセラーのところで語られるということがあります。そういうふうに、あっちこっち行って喋る人がいますよね。ここで話したことをどこかで言うだろうと予想しますけどね。

手束：ドクターショッピングもあるけれどカウンセラーショッピングというのもありますね。

と 特別な扱いを求められても乗らない方が良い

手束：例えば予約外の臨時の面接の要望ですね。

松井：ええ、それと時間だけではなくて場所ですね。例えば何曜日にどこそこに行っているからそこでやってもらえませんかとかね。

手束：面接と平行してメールを送ってくる人がいますね。返事を期待しているわけでもないようで、そういう場合は流しているんですけれども。

松井：メールで時間や場所を予約する人もいますよね。

手束：それは受け入れることにしていますね。メールで予約の変更とか、事務的なことはメールでもよいと。

松井：それは特別なことではないわけですね。

手束：そうですね。問題になりやすいのは予約外の電話での相談ですね。それを受け入れると特別なことになりますね。

松井：だいたい重い人ですね。特別なことを求めてくる人はね。それが変な方向に要求がエスカレートする可能性があります。だから、やらないほうがいいですよね。

手束：緊急にということで、時間外に突然現れるというようなことがありますね。それは受け入れることがあるんですけれども。

松井：自殺企図の場合、受け入れないわけにはいかないです。実際に危険がある場合は受け入れざるをえないですよね。

手束：これは、原則そうしないほうが良いということですよね。

松井：そうですね……。

松井：やむをえないこともありますが、特にこちらがそれをやるべきではないということですよね。こちらが急に旅行に行くからといって、決まったことを変えてはいけないと思うんです。クライエントからの日にちの変更とかは結構ありますよね。それは特別とはいえない。変更を受け付けるしかない。

手束：こちらもある。その日に会合の予定が入ったとか。

松井：緊急に会議が入ったとかね。でも私は相手がクライエントの時は、予約の変更をすることはありませんね。スーパービジョンの場合は予定を変更してもらいますが、クライエントの場合は変えることはできないということで、会議のほうをキャンセルしますね。

手束：二か月後に（学会などで）その曜日に予定が入ってしまう、そういう時はいかがでしょう。

松井：来た時に次の回のことを確認しますからね。クライエントが来た時に、事情を言って次の回の日程を変更することはあります。問題は電話ですね。こちらがクライエントに対して電話で予約を変更することはないですね。決まったことを保障する、勝手に変更しないという姿勢で臨みます。クライエントとしてもできるだけ変更しないでほしい、ということですね。例えば葬式が入ったからできないとかね、そういう了解を得るためのコミュニケーションはかまわないですね。ただ私が心配しているのは、決まった日ではなくて夜どうしても会いたいとか、そういうことを求めてくることが特別なことであって、そういうことは断ったほうがいい。性的な結びつきの可能性があるようなことを求めてくるようなことですね。予約の日にちの変更とかはやむをえないんではないですか、ただこちらはできるだけ守った方がいいですね。要するにカウン

セリングの構造を守っていくということですね。

手束：繰り返し同じ場所で同じ時間で、というそのことの持つ（治療的）意味合いがありそうですね。

松井：こういう人がいるんです。東京の人が月に一回来ているんだけれども、東京のどこかでできませんか、と言われるんです。スーパービジョンの場合はいいですけどね。クライエントの場合はだめですね。教育分析も同じですね。教育分析もクライエントとして扱わなければいけないと思うんですよね。カウンセラーとクライエントの関係以外の関係を求めることがあるんですよね。特に異性の場合、そういうことが起こるような状況を避けた方がいいということですね、個人的な関係を持ちたいという場合があるんです。

手束：カウンセリング関係、治療関係ではなくなってしまうということですね。

松井：カウンセリングや精神分析はすごく深くなる人間関係ですね。内面的なことを語る。家族にも語らないことを語るわけで、親友以上ですよね。親友にも語らないことを語りますから、すごく深い親密な関係ですよね。異様に深い関係になる可能性を持っていますよね。それだけに注意したほうがいいということです。

ち 秩序だっていない話は重要な事が多い

手束：今日は「ち」ですね。「秩序だっていない話は重要なことが多い」です。

松井：ものすごく感情的な話というか、そういうのがあったら、論理的には話せないですよね。だから、あっちへ行ったり、こっちへ行ったりしているように見えて、何を言っているかよく分からない話の中に、実はすごく情緒的な深い内容に関わりを持ったことがあるわけですよね。そういう話は、むしろ秩序だってないというか。論理的にさっさっさーと行ってる話というのは、もう消化済みの話

が多いわけですよね。「え〜」とか、「あ〜」とか、「いや、だから」とか、「いや、けれども」とかっていう話の方が真実であることが多い。これはどうなんでしょう。私は、当たり前のことだと思うんですけどね。

手束：はい。

松井：だから、フロイトが言っているように、論理的に聞くな、ということですね。論理的に整然とした話は消化済みの話が多いから。むしろ、黙ってしまうこと、沈黙のほうがすべてを語っているというかね。行ったり来たりしている話のほうが重要で、だから論理的に直すことをしない方がいい。それはこういうことですね、とか、論理的に言い換えてしまうと、何か大事なものが消えてしまうわけでね。フロイトはものすごく論理的な人なんですけれども、その人が論理的に聞くなと言っていますからね（笑）。

手束：言葉がなかなか出てこない、とか、出て来たと思ったら話が飛びやすい、つながらない、とか、ありますよね。それをそのまま聞いていくということ……。

松井：ちょっと逆説的かもしれないけれども、一番重要なことって沈黙だと思うんですね。沈黙している時はもう、すぐそこまで、それこそ瓶の蓋の所まで来ているというか。だから、それが開くと、バーっと、出てきてしまうかもしれない。それを必死になって防いでいる。出そうなものを防いでいるのが沈黙ですよね。だから、一番意識に近づいてきているのが、沈黙。

手束：その沈黙をどう受け止めるか。そういう何か沸騰状態にある沈黙のようなものを、こちらがどう受け止めるか、こちら側も沈黙ですよね。

松井：沈黙ですね。沈黙と沈黙で、三十分くらい沈黙したこともあります。ただね、セラピストは、論理的に考えますよね。

手束：うーん。そうですね。

松井：ぶつかりますよね。そこが難しいところなんだけれども。セラピストは、こういうことですね、とか、こういうことじゃないですか、とか、雑然としたものを整理しようとしますよね。

手束：ええ。

松井：それが一番危険なんです。どうしても、これはこうだからこうだとか。やっぱり父親転移みたいなものがあるからこういう話が出てくるのではなかろうかとか。そういうふうに解釈してしまうとそれっきりになってしまいますよね。もっと大事なものが出てこなくなってしまう。つまり、カウンセラーなり精神分析家はまとめようとする、これが大きな被害を生むわけですね。その点はカウンセリングのロジャーズ[※13]がよく語っていると思うんですよ。とにかくよく聞け、と言っていますよね。聞くことが大切だ、と。傾聴するとか、共感するとかね。それは要するに論理的にやってしまわないことだと思うんです。ロジャーズのカウンセリングの場合、ロジャーズはよく分かっていると思うんですね。あんまり解釈したり、論理的に直してしまうと、本当のものがなくなってしまうということが。その点では分析もロジャーリアンのカウンセリングも共通していると思いますね。

手束：クライエントが沈黙して、それが長い時間続いている時、セラピストの方は結構いろいろ考えていますよね。

松井：そうですね。

手束：むしろ、論理的に考えているというか。なんで黙ってしまっているんだろう、とか。

松井：黙っている元には、こういうことがあるんじゃないか、とかね。

手束：ええ。ああかな、こうかな、と。

松井：ええ。

手束：少し迷うところなんですが、とにかくこちらはずっと黙っているか、もちろんまとめ的なことを言うのではないけれども、ああかな、こうかな、と、何かちょっと言葉にして手

※13　**ロジャーズ**：一九〇二―八七。来談者中心療法（非指示的カウンセリング）の提唱者。

がかりを与えるか、どうしようかっていう……。
松井：どうでしょうね。私の場合は、沈黙が続いているということに対する不安とか、とまどいを、独語的に話すことはありますけどね。こちら側の情緒をね。
手束：こちら側の情緒を、語る。
松井：それがモデリングになって、いや、私も実は、と何となくポツポツと話しだすことはありますね。
松井：相手の中にあるものを推理して話をするということは、あんまり好ましくないと思います。こうじゃないですか、とか、こんなことがあるんじゃなかろうか、とか、語ってないことをこちらが想像しているというのは、あんまり好ましくないと思いますね。
手束：うん。
松井：例えば、カウンセリングが始まる前にレストランに行ってたんだけれどもこんなことがあったんですよ、みたいな話をポツンとするとかね。それならいいんだけれども、相手がこうでないかということを推論して、それを言うことは避けたほうがいいと思うんですね。
手束：今のレストランのお話は、セラピストの側の、相手のクライエントの沈黙を受け止める中で、出てきた思いということですか。
松井：そうですね。だから、とんでもないようなことでも、こちらに浮かんできたことを話しますよね。こちらが自由連想みたいにして頭に浮かんだことを話す、そうすると、そんなこと言ってもいいのかなあという感じで、抵抗が薄れて、で、「実は…」と話し出したりすることがありますよね。

手束：あ、なるほど。

松井：だからむしろこちら側の情緒を言語化する…。

手束：それは初めてうかがいますね。

松井：それがモデリングになりますね。

手束：うん。なるほどね。

松井：例えば、グループ※14なんかの時に沈黙がありますよね、最初に。そういう時に、沈黙がつらくて、沈黙が耐えられなくて、さっきからドキドキしてるんですってなことを言うと、話がでてきますよね、あ、そんなこと言ってもいいのかと。

手束：そうですね。

※14　いわゆるエンカウンターグループを指す。十人前後の互いに未知なメンバーからなるグループを作り、数日間を共に過ごすことで、そこで生まれる人間関係を体験し、自己洞察を深める。松井は力動心理学的立場から「サイコダイナミックグループエンカウンター」を長年主宰し実践してきた。

松井：よくありますよね、そういうことが。
手束：なるほど。個人のカウンセリングでいえば、さっきから沈黙が続いているけれども、カウンセリングの前に行ったレストランのことが何となく思い出されるんですというような……。
松井：そうですね。そういうことは、あまり言われないんですが、私は沈黙に対するこちら側の反応として連想を言うことが、モデリングになると思うんですよ。そうか、そんなこと言ってもいいのかな、という。
手束：それはフロイトも、ロジャーズも言っていないんじゃないですか。
松井：言っていないですね。
手束：セラピストも自由連想して、その一端を語ってみせるわけですね。それは今で言う、「逆転移[※15]の利用」みたいなことかな。
松井：そうですね。これもグループの時の話なんですけれども、沈黙の時間がありますね、その時に、皆どうしよう、誰か話してくれんかなあとか、思っていますよね。その時に、さっきから、あのやかんの沸騰の音がしてて気になっているんですけど、なんてことをちょっと話す、そうすると、とつとつと出てくることがある。
手束：そうですね。

松井：ええ。一番いけないのは、沈黙してもしょうがないから、話してください、っていうのがこれが一番いけない。
手束：ええ。
松井：これはやってはいけないですね。
手束：悪い例はいろいろ聞きますけれども。黙っていたのではカウンセリングが始められないじゃないですか、とかね。
――笑――
手束：フロイトは、寝椅子の後ろに構えていますよね。[※16]
松井：ええ。そうですね。
手束：だからクライエントが沈黙した時にも、沈黙しやすいということになった。
松井：そうですね。

※15　**逆転移**：面接中のクライエントに対して起こってくるセラピスト側の感情。
※16　フロイトは、クライエントを寝椅子（カウチ）に仰臥させ、自身はクライエントの背後に座り、自由連想に聴き入った。通常、精神分析療法、「自由連想法」はこの方法を指す。同じ方向性を持つが対面で行うものを精神分析的精神療法（心理療法）と呼ぶ。傾聴を旨とするカウンセリングも精神分析的側面を持つ。松井はこれらを区別しながら、共通する面を語っている。

手束：対面ではクライエントもセラピストも沈黙しづらいかもしれませんね。
松井：対面では沈黙はないですよ。
手束：しづらいですよね。
松井：しづらいから合わせてしまうっていうか、何とかごまかしてしまう、対面だとね。何とかかんとか言って、本物じゃないものを出してごまかすっていうか、そういうことが多いですよね。けれども寝椅子だと三十分くらい沈黙できますよね。この寝椅子を使って、五〇パーセント沈黙になるということが、何回かありましたね。沈黙されていると辛いですね、こちらも。
手束：その沈黙をこっちは抱えているわけですよね。
松井：そうですね。
手束：その時に浮かんでくるこちらの自由連想を、ある場合にはぽろっと語る、それがその沈黙を抱えていますよというメッセージにもなっているということですね。
松井：そうですね。

り　理解し難い時は何とか分かろうと努力する

手束：これはクライエントの話が理解し難い時ということですよね。

松井：ええ。まあ、これは解説はいらないんじゃないですか。

手束：いらない？

松井：うん。そういう時、変なこと言っているなとか、つじつまが合っていないなとか、この人は精神病だからではないか、だからそういうふうに理解し難い話をする人なんじゃないかとか、そういう評価的なことが浮かんできやすいですよね。そうじゃなくて、何か語りにくいんだろう、とか、言葉にならないんだろう、とか、そういうふうに相手の身になって理解しながらこちらが自由連想していくというかね。そういうことをやっていればいいんであってね。やっぱり意味があるんだろうと考えて理解しようとする姿勢がすごく大切ですね。すぐ、この人は変なことを言っているからボーダーラインじゃないか、とか、あるいは統合失調症じゃないか、という方向に行かないで、何とか理解しようと努力することが必要だということ、これはモラル的なことだと思うんです。

手東：一見理解しやすいことって、理解した気になってしまうことがありますよね。理解した気になって価値判断をしてしまうようなこと。けれども、分かった気にならないほうがいいっていうか。

松井：セラピストは、どうしても論理的に解釈しようとするわけです。言う言わないはともかくとして、頭の中で論理的に、これはこうだから、今こっちはこうなっていてこうじゃないか、とかね、そういうふうに理解してしまう、しやすい。そういうふうにしてはいけないよ、ということを言っているんですね。

手東：そう思うけれども、そうではないらしい、そうではなかったんだと思うことがいつも、ありますよね。だから、何とか分かろうと努力するんだけれど。つまり逆に言えば、簡単に分かっちゃいけないというか、簡単に分らないように気をつける。

松井：分かりやすい論理とか定型的なことで理解しようとしてはいけないということですね。

手東：ええ。

松井：分かっちゃいけない、ということも言えるんですよ。一見分かるように見えた話も、もしかすると裏の話があるかもしれない、隠れているものがあるかもしれない、だから簡単に理解しないように、っていうふうにも言えるわけですよね。

手東：はい。

松井：分析の場合もね、定型があるわけですよ。こういう場合はこういうコンプレックスがあるんだ、とかね。セラピストはそういうのが頭に入っていますよね。それで理解しやすくなってしまうわけです。それが危険なんです。

手束：特に初回の場合はそうなりやすいですよね。理解の一つの手段が、そういう分析用語だったり、精神分析の中で語られるいろんなエピソードに似たのが出てくると、表面的に解釈しようとする。しかし、全体としてその人をどう理解していくのかということはやっぱり、時間をかけてよく聞いていかないと分からないですね。

松井：あの、一回しか来れない場合には、必ずしもこれに該当しないですね。何年も継続的に来れれば、今のやり方でいいんだけれども、一回しか会えない場合にはやっぱりどんどん解釈する必要がありますよね。

手束：あえて定型を語るということですか。

松井：やむを得ないですね。こういうことがあるのではないですかとか、もしかしたらこう

ではないですか、というようなことを言っていかなくてはならないこともあります。例えば青森の人が旅行してきて、東京に一週間しかいない、その中でぜひ会いたいということで来られることがあるとします。そういう時は短期決戦で、ある程度解釈を早めにやっておく必要があるかもしれないですね。一回しかないのではない（継続する）のにそれをやってしまう頭のいい人もいますね。あなたは、こういうところがあって、こうだからこうなんだ、お父さんに対してこういう感情があるからこうなんだ、ってやってしまうような人がね。クライエントがよく話す前に、その人の頭の中でできてきた仮説を話してしまうみたいなんですね。それで無茶苦茶になってしまうことがある。本人が受け入れられないことを話してしまう。それでぱっぱっぱと仮説的なことを話してしまうので、クライエントに受け入れられないわけですね、そうするとひどい目に合ったとか、無茶苦茶になったっていう感想になってしまう。頭の回転が良くて仮説をいっぱい知っている人は、そういう弊害があるわけです。あ、この人はこうだから分かるって言いたくなるということは、ベテランでもありますよね。

手束：ええ。一回だけという場合のあり方は、それはそれでテーマになりそうですね。

松井：ですね。短期決戦はまた別だと思います。

ぬ

ぬるま湯につかっている時は抵抗を考える

手束：こんどはぬるま湯ですね。前の前の回の沈黙や混沌（ち「秩序だっていない話は重要な事が多い」）はぬるま湯ではないですよね。

松井：ないですね。熱い湯ですね（笑）。

手束：熱い湯でしたね（笑）、こんどはぬるま湯の時。

松井：あの、来た時の道路の混雑の話をしたり、会社の状況を話したり、地震があったら地震のことを話してここは大丈夫ですかとか話して、日常会話みたいのが延々と続いてるような時ですね。これがぬるま湯につかっている時だと思うんですね。

手束：うん。

松井：結構あるんじゃないですか。

手束：ありますね。

松井：ものすごく今日は混んでいたとかね。列車が混んでいたとか、車が混んでいて大変だったとかね。

手束：そういう時は、どうしたらいいんでしょう。核心に入りたくないんですね。

松井：そうですね。借金の返済待ってくれ、っていうのと同じですよね。なかなか本題に入らないっていうか。余計な話ばっかりしていて、一時間もしたら、やっと、実はちょっと話しにくいんですけど、と話しだす、話しにくいことを話さないで、回り回ったような話をするというね、それが、ぬるま湯につかった状態ですよね。

手束：延々と続く場合はそれだけ抵抗が強いということですね。

松井：そうですね。ええ。

手束：ただ、ケースによっては、そういうぬるま湯が、必要な時期もあるなって気もしますが。

松井：鬱状態の人がここに来ましてね、三〇回くらいやったのかな。三〇回目くらいになった時に、魚釣りの話をしたんですよ。どこの川のどこのポイントに行ったらって、ずーっと釣りの話をしたんですね。私も釣り好きだから（笑）、話に乗っていたんですね。そしたらその後で、ぼつぼつ、どうでしょうか、あの、もう終わってもいいかって気もするんですけど、って言うから、ああ、いいんじゃないんですかって。それはもう良くなったっていう、ひとつの証拠なんですよね。そんな雑談をするってことは。

手束：ええ。

松井：問題が解決した時には雑談が出てくるっていうか。雑談が出るっていうことは、かなり改善されたことの証でもあるっていうふうに、ネガティブにとらないことも必要ですね。雑談を聞いて、ああ随分良くなっているんだな、かなり改善されているな、もう終わりに近づいているな、っていうふうに思ったほうがいいことがありますよね。

手束：釣りの話が出てきた患者さんは、それまでも核心部分は語らないままってことですか。

松井：いえいえ、語った後の話です。

手束：語った後の話ですね。

松井：語った後そういう話が出てきて、ああもう終わっていいなあと思ったら、終わりにしたいと思いますけどって彼から言い出したんですね。じゃあいいんじゃないんですかって言って。今気分はどうですかって聞いたら、今は普通に仕事しているし鬱的なことは全然なくなった。ただ、どれくらい受けたらいいのか分からないので来ていましたけれども、もうほとんど問題ないんですってことで、終わったんですね。

手束：その場合はさっきの喩えで言えば、熱いお湯がだんだんぬるくなってきて、まあ過ごしやすくなってきたということですね。

松井：そうそう。

手束：ちょうど、良い加減になって……、

松井：雑談が出る時っていうのは、グループでもそうですよね。深刻な時に雑談は出ませんよね。けれども、雑談が出て笑いが出てきたら、それはある程度、問題解決した時ですね。グループだと、ほら、難物がいますよね、一人なかなか分からない人が。皆がいろいろ言うんだけれども、言えば言うほど、分からなくなってしまってね。こんがらがる人いますよね。それが一応何とか解決した時に、雑談が出ますよね。雑談っていうのは言ってみれば、ほっとした時に出てくるというか。

手束：そうですね。

松井：個人だと抵抗もありますよね。本当のことは言いたくないから、雑談で済ましているわけですね、そこは見分けられなければだめだと思うんですけどね。

手束：ぬるま湯につかっていたいための雑談なのか、嵐が過ぎてほっとしたからなのか。

松井：うん、ほっとしたから出てくる雑談もあるしね。それは聞き分けなきゃいけないと思います。

る　ルールは崩さない方が良い

松井：これは非常に難しいことですね。
手束：ええ。
松井：五十分なら五十分っていうルール[※17]がありますよね。それで五十分の終わりの頃に一番重要なことが出てくることがありますよね。四十分頃から重要なことが出てきて。
手束：あと五分とかね。
松井：どうします？　そういう時。
手束：五分くらいの延長っていうのはありますね。
松井：例えば、（スケジュールが）詰まっていることがありますよね。次の人が待っているとか。次の人に待ってもらいますか？
手束：次の人が来るまでに、十五分は間隔があるので、延ばすとしても五分くらいかなあ。

※17　一回の面接の決められた時間。通常四十五分か五十分のことが多い。一時間のこともある。

松井：ああ。後が空いている時は延ばす？

手束：まあそれが七分くらいになることもあるけれども。後が詰まっていない時に、やや多くなるってことは、あり得ますね。ですからそういう意味では、それほど厳格ではないというか。ただ、ルールは崩さないほうがいいですよね。確かに。

松井：崩すな、とは言っていないんですよね。なるべく崩さないほうがいいってことですね。今度はこちら側がアクティングアウト（行動化）になる可能性がありますからね。

手束：ええ。

松井：セラピストが。何としても今日やってしまいたい、とかね。そういう場合に向こうが希望するのではなくても、こっちが延ばしてしまうことがありますよね。

手束：ようやく核心の部分が出てきた時とか。

松井：その核心的なことが出て来るのが四十五分くらい経った時ということがあるんですよね。あと五分しかないっていう。
手束：ええ。その場合は、今日はもう時間が過ぎていますからみたいなことを言って……。
松井：切ったほうがいいですね。あまりやらないけれども次の時にね、この間は時間がなくて、お話が中途半端になっておりましたが少しその話を聞かせてください、とやるといいですよね。五分で肝心なことをやろうとすると失敗しますね。
手束：確かに。
松井：だからこれはなるべくであって、五分や十分延ばしたからってどうってことないと思いますけどね。
手束：うん。
松井：私の場合は、二時、三時、四時って切っているから、で、会計がありますからね。延ばせないですよね。
手束：ルールというのは一つは今言われた時間のことですよね。時間を決めて、定期的にやるという。これは、ひとつの原則ですね。
松井：終わり頃になって本当のことが出てくる、重要なことが出てくるっていう人は、日常生活の中でいつも手遅れしているわけです。言ったほうがいいのに言わないで終わってしまうとかね。そういうパターンそのものが、その人の生活を表わしていると思うんですね。だからいつも手遅れになってしまうというか。一言聞いておけばいいのに、聞かないで迷ってしまっているから、終わり頃になって言い出す人がいますよね。それがその人のパターンであると言えますよね。

手束：そうですね。

松井：それから終わらせまいとする人がいますよね。わざわざ重要なことを言って、引き延ばそうとする人がいますよね。その場合は切ったほうがいいですね。

手束：ええ。

松井：だから意図をある程度、読んでやる必要があるのではないですかね。引き延ばし作戦をやっている時には切るしかない。

手束：終わりのほうになって出てくるっていうのは、自分のことを語ることがいつも間に合わない。

松井：そうですね。それから、終わった後に、もう一回やってくれませんかって言う人いませんか。

手束：ああ。ありますね。

松井：もし空いていれば、もう一回みたいな。どうします？　そういう時。

手束：ある時期それを受け入れていた時もあるんですけど。遠くから来ているとか、たまたまこっちが空いているとか。
松井：うんうん。
手束：で、そういう事情がありますけれども。そういう時にはこちら側に逆転移が働いているんですね。
松井：だからこれは、「なるべく」の問題ですね。規律を守りなさいではなく、「なるべく」です。外すことが必要な時はあると思うんです。自殺の危険がある時なんかはやりますよね。
手束：ええ、そうですね。
松井：自殺とか、事故の可能性がある時は、やらざるを得ないですよね。延長せざるをえないとか、時間が空いていればやらざるを得ないというか。それはあると思うんですね。だから、なるべく守ったらいいいってことで。特に引き延ばし作戦には、あんまり引っかからないほうがいいということですね。

わ 分かったことと分からないことを明確化する

松井：カウンセリングの場合は、分かりましたっていうことを伝える必要がありますよね。で、分からない時には質問することがありますよね。こういうことなんですか、と聞いたり、今おっしゃったことは、私の理解ではこんなふうなことのように思ったんですけれども、それでいいんですかと聞くようにしますね。精神分析ではなくて、カウンセリングの時ですね。

手束：ええ。

松井：分かったことは分かったとして、分からないことは分からないことにしておいて、またいつか質問するとか、聞くようにする。これは普通のコミュニケーションですが、カウンセリングの時には、これをしっかりやっておかないと。自由連想と違いますからね。これをしっかりやっておかないと、クライエントが来た甲斐がないと思ってしまう場合がありますよね。

手束：ええ。

松井：話したんだけれども、先生はどうしたんだろうとかね。先生が分かったのか分からないのかが分からないという不満が出てきますから。分かったら、分かったことをはっきりと伝達しないといけないと思うんですね。

手束：どういうふうにセラピストに受け取られたか、先生が分かったかどうかが気になる人はいますよね。

松井：ええ。

手束：それと、セラピストが、ここが分かんないっていうのは、けっこう重要だと思うんですよね。

松井：そうですね。

手束：ここのところが、どうしても僕には分からないんだけれども、ということを語っておく。

松井：これは、要するに、聞いてもらえているっていう確信が持てるようにしなければいけないってことですね。聞いているんだか聞いていないんだかよく分からないっていうん

じゃ困るんで。聞いてもらって分かってもらったか、もらえていないか、ならばもうちょっと話さなきゃいけないな、みたいなね。こういう思いがクライエントに起こるようにするためには、分かったことと分からないこととを明確化する必要があるってことですね。

手東：ええ。

松井：これが、すごく大事なことだと思うんですね。

手東：ここのところが分からないんですって語ることは、分かろうとしているということであるし、全体としては分かっているということを示すものでもありますね。

松井：グループでも私はよくやりますね。こういうふうなことは分かったんだけれども、こういうことがよく分かんない、もうちょっとそこらへん説明してくれませんか、みたいなことを、言うことがあります。そうすると話した方は安心しますよね。あっここまでは分かったのかなと。

手東：ここが分からないって言うことは、一つの問いかけにもなっているわけですね。

松井：そうですね。意外にね、ここが分からないっていうところが重要なんです。

か

考えて分かることもあるが、直感的に分かることも多い

松井：ハッとこう思いつくことがありますよね。

手束：ハッと思いつくことですね。

松井：聞いているうちにハッと思いついて、（問題の理解に）つながることがありますよね。そういうことの方が実際には多いと思うんですね。論理的に、こういう事があって、ああいう事があって、こういう事があるからこうなんだろうっていうふうに考えていって到着するよりも、ある時にハッと気づくっていうか。そういうことの方が多いと思います。だから、「ことも多い」と書いてありますけれど、私はむしろ直感的にキャッチすることのほうが多いと思いますね、現実には。手束さんはどうですか？

手束：私もそう思います。直感的に感じるってことの基盤というのは、そこのところまでにいろんなことが積み重なってできているわけですよね。聞いているし、見ているけれども、何かぼんやり感じている。何か変だなとか、この感じは何なんだろうとか。そういう感じてきたことの積み重ねがあって、ある時にそれらが一緒になってハッと気がつく。

松井：「見る、聞く、感じる」ということですね。「見る、聞く」はよく言うんですけれども、私はそれに「感じる」を加えたんですね。これはやっぱり直感的なことですよね。感じることがないとだめだと思うんです。

手束：直感的に分かることがないとだめですよね。

松井：心理療法というのは論理ではないですよね。一見論理のように聞こえることもあるかもしれないけれど。発表すると論理みたいになってしまいますけどね。けれども実際はそうではなくて、直感的なことの方がはるかに多いと思うんです。ただ、それを積み重ねて報告するときに論理になってしまう。だから、いかにも論理で理解しているかのように勘違いされることがあるかもしれないけれど、それは直感的なものを、もういっぺん今までの知識から組み立てるから、報告する時に論理的になっているだけのことであってね。感じる時はそうではないと思うんですよね。論理型の人は心理療法下手くそではないですかね。感じることが大切ですね。

手束：よく言われた、左脳と右脳の利き脳で言うなら、どちらかというと右脳的ですよね。

松井：ただ、分析の報告とか論文はね、いかにも論理的な感じがしますよね。直感的なことって論文に書いていないもんだから。それを生み出した論理をね、ずっとつなげていくから、いかにも論理的にそこまで行ったように見えますけれどもね。それはインチキですね。

手束：しかし、逆に直感の働くプロセスを言語化しようとすると大変なことになりますね。

松井：大変ですね。直感にもちゃんと道筋があるわけですよね。道筋があって直感が生まれるわけだから。過去の経験や知識があって、ハッと気が付くわけだから。そこのところまで煮詰まってきたすべての要素が結びついた時に直感が生まれるわけですね。だからそこには直感を生み出す論理もあるわけです。ただ、その論理を言語化しようとしたらえらいことですよね。

手束：そうするとやっぱり、経験が重要でしょうね。

松井：経験と、もう一つはノンバーバルなコミュニケーションですよね。声の調子だとか、表情だとか、言葉の数だとかね。「えーと」、とか、「うーんと」とかが多いとかね。そういう、あまりデータにならないようなものの積み重ねがありますよね。これはとても重要です。ノンバーバルなコミュニケーションをいかにキャッチできるかっていうのが、心理療法家としては最も重要なことではないですか。これができない人はまず心理療法は向かないですね。

よ 余裕がないように見えたら、サポートが必要

手束：これはなんていうか、当然というか自然というか。

松井：説明するまでもないと思うんです。

手束：そうですね。

松井：しかし相手が余裕がないように見えなきゃいけない。

手束：見えなきゃいけないですね。

松井：感じですよね。落ち着きがないとか、何かこう返事がないとか。そういうことで、ちょっとしたことで、余裕がないことを察しなきゃいかんですね。だから、問題は、察するということですね。無頓着にやってしまうと失敗する。相手がどういう情況か、客観的にきちんとこう捉えとかないといけない。これはもう、理屈ではないですからね。表情、動作、ちょっとした態度とか言葉のテンポだとか、内容のズレ加減ですね。そういうことからキャッチしないといけないということですね。それさえわかれば、あたり前のことだと思うんですね。

手東：今言われたことをキャッチできることは、ずっと必要だと言われていて、実際そうだと思うのですが、本当にわかるっていうのは、かなり経験を積まないとわからないですね。

松井：小此木君[※18]が精神分析の訓練で最も大切なのはノンバーバルコミュニケーションで、非言語的な情報をいかにキャッチするかが訓練で一番重要だって書いていますね。私もその通りだと思うんですがね、彼がそういうとは思わなかったですけれどもね。どうやったらノンバーバルコミュニケーションに巧みになるかというと難しいですけどね。たとえば、日本人でいうならば、どうなんですかね。いわゆるその、禅だとか、祈りだとか、無言の業というものがありますよね。もしかすると、そういったのが訓練になるのかもしれないですね。これはもう、人間関係の基本ですからね。

手東：表情とか言葉の調子だとか、あるいは間合いですね、体の動きから醸し出している雰囲気だとか。クライエントに余裕が出てくると、そういうものが滲み出てきますよね。定期的に会っていると、余裕が出てくるのが実感できるというのかな。

松井：というよりも、余裕が出てくると言語化されるんじゃないですか。言語化されるから

※18　**小此木啓吾**：一九三〇－二〇〇三。日本を代表する精神分析家。主著『フロイト―その自我の軌跡―』『モラトリアム人間の時代』『対象喪失―悲しむということ』『現代精神分析の基礎理論』等。松井と同年の生まれ。

分かりやすくなるというか。言語化されない時は難しいですよね。キャッチすることが。私が本に書いたのはご存じですか。

手束：『精神科作業療法の手引き』※19「面接中の非言語的表現」ですね。表情、顔貌に表現されるもの。視線、しかめ眉、まばたき、閉眼、目を塞ぐ、うつむく、笑い、唇の動き、手、足、体全体の運動で表現されるもの。これは、先生がじかに観察されたものですね。

松井：はい。そうです。あまり例がないと思うんですけれどもね。こういった研究は。

手束：そうですね。

松井：みんなもう直感的なものだからと省略しているから、なんか分かっているつもりになってしまって、結局溝ができていることが多いから、そこは注意しないといけない。あんまり、そういうことに着目しないというか。直感的に分かっているものって、言語化しないですよね。学問でも。

手束：実際、面接の記録でも、こういうことについては書かないですよね。

松井：書かないです。あまり語られないわけですよね。重要だということは言われているけれども。これは作業療法士のために書いたんですけどね。精神科の作業療法士っていうのは、統合失調症を見ることが多かったですよね。ノーマリティの低い人を相手にするから、きちんとキャッチしておかないと大変なことになってしまいますよね。健康度の高い人、病理の少ない人は、わりあい言語化したり、分かりやすい表情をしたりするからいいんですが、統合失調症の人は難しいんですよね。不安を表現する、その表現の仕方が分からない。幻覚妄想が出てきたりなんかするだけで。だから、こういうのをきちんと捉えておかないと大変なことになる。神経症の人だったら、あんまりこんなこと言わなくてもいいかもしれない。ただ、やっぱりノンバーバルコミュニケーションはものすごく重要です。私がよく話すんですけど、グループで話し合いをすると、誰が発言するか分かるんですよね。きょろきょろ周りを見渡しているし、口が動いている。発言する前に身体的に表現されているっていうことですね。間違いなくありますね。発言しそうな人って分かりますよね。

手束：これは教壇に立ったりした時に、上から見ていてもよく分かりますよね。相手の何かがこちらに向かっている。視線でも、体でも口の動きでもなんとなく。余裕がなくなっている時は逆にそれを見せまいと頑張っている。

松井：見せまいとする様がノンバーバルコミュニケーションですよね。だからキャッチしないといけないわけですよね。

※19　『精神科作業療法の手引き』松井紀和　牧野出版　二〇〇〇

手束：はい。

松井：見せる人はいいですよね。見せる人は言語化してくれるから分かりやすいですよね。見せようとしない人は言語化しにくいことをノンバーバルに表現しているわけですから、それをキャッチしないといけない。反省していると口だけ言っているけど顔はむっとしているというか。すいませんと言ってるけど、すいませんなんて顔してないというね。どうでしょう、これ日本人は多いんじゃないんですか。非言語で表わしているっていうか、言葉でイエス、ノーをなかなか言わなくて表情で表わしてしまっている。

手束：ありますね。

松井：お茶飲みに行きませんかと誘った時に、行きたい時と行きたくない時とは顔で分かりますよね。うれしい時はうれしい顔をするし、迷惑な時は迷惑な顔をする。迷惑な顔ってどんな顔かって言われると難しいですけれども、でも分かりますね。迷惑な顔っていうのはね。

手束：表情に出ない人もいるとは思うんですけどね。出ないというか、こちらがつかめないというか。

松井：本人が出しているつもりはないけど出ているのが、ノンバーバルコミュニケーションですね。本人は出していないつもりでいるから安心していられるわけですよね。（お茶に）行きたくないとは言わないで、「いや、私ちょっと今から忙しいんで」とごまかしている。

そんなふうに言って行きたくない気持ちを表わさないようにしていても、やはり出ているんじゃないんですか。見破られないようにするとノンバーバルコミュニケーションが出てしまうんだと。かえってね。

手束：例えば、場面緘黙《かんもく》※20の人がいますよね。

松井：いますよね。あれはどうでしょうかね。置き換えだと、レジスタンス（抵抗）だと思うんですよね。校門に入ったとたんに緘黙になる人がいますよね。それは家族の中での父親に対する思いが父親には出ないで学校で出てしまう、あるいは母親に対するネガティブなものが、場面緘黙という形で出ているんだ、と。家庭の問題が学校に置き換えられているのではないかという気がしますけれどもね。

手束：表現をしない、言葉を喋らない、その結果周りからとっかかりがないと感じられて、接近できるような兆候を一切出さない。表現をなくすということが、長い経過の中で人格化してしまっていることもありえますよね。

松井：よっぽどすごい演技者ですよね。

※20　**場面緘黙**：正常な言語能力にもかかわらず、特定の場面、人に対して「話さない」「話せない」状態。

手束：安心できるところでは喋れて、不安が少しでもある場面では警戒して語れなくなる。大人になってくると、自分はやっぱり社会生活の中で喋らないといけないという思いが一方ではあるんだけれども、習慣的に喋れなくなるというか、習慣的に抵抗してしまうというか。結果、孤立するわけですが。

松井：ノンバーバルコミュニケーションを察知してくれる人がいればいいけど、無視されますよね。ほとんど喋らないでただ聞いているだけっていう人、そういう人は分かりにくいですよね。けれども、分かりにくいようにしているけれども、分かるのがノンバーバルコミュニケーションですよね。

手束：分かりにくいようにしているけれども、分かる。

松井：表情は隠せないわけですよね。言葉ではイエスと言っていても、ノーが表情に出ている場合、本人は出しているつもりはないんです。表現しているつもりはないんだけれども表現しているのがノンバーバルコミュニケーションなんですね。出したくないとか、表われたら困る、分かられたら困るという時に出てくるのがノンバーバルコミュニケーションだと思うんですよね。分かられていいことは、言語化するか明らかに嫌な顔をしたりしますよね。分かりにくいものっていうのは、分かられたくないからごまかしてしまう、けれども出て来てしまう、そこを見抜くのが大切ですよね。分析ではそれを抵抗[※21]と言っていますよね。

手束：抵抗。
松井：抵抗の中にも、コンシャス（意識的）な抵抗もあるし、アンコンシャス（無意識的）な抵抗もあるし。分析で扱うのはほとんどがアンコンシャスな抵抗ですよね。例えば、意図的に黙ってしまうのではなくて、どう喋っていいのか分からないから黙ってしまうのでもなくて、出て来るものが言いにくいことだから黙ってしまう。そういう時は、レジスタンス（抵抗）している意識がないですよね。ただ黙っているだけですよ。
手束：はい。そうすると、「余裕がないように見えたらサポートが必要」と言った時に、このサポートは言語的なサポートでしょうか。それとも非言語的なサポートでしょうか。
松井：こちらが意図的なノンバーバルコミュニケーションをすることもありますよね。例えば、対面の場合は表情がありますよね。表情で受け入れていることを示すこともありますよね。意図的にね。セラピストの方も、嫌なことがあった場合は嫌な顔をしていると思うんですよ。全く自覚しないで。
手束：ありますよね。

※21　**抵抗**：不安を回避するために、自分の心の内容を表現することを避ける意識的無意識的な心の働き。

松井：しかめっ面したりとか。セラピストが気づかないでやっていることはいっぱいあると思うんですよね。対面の場合は分かってしまうことがあるわけです。あ、嫌がられているなということが双方にあるわけですよね。

手束：余裕のなさに対して、言語的にはどう声をかけたらいいのかということなんですが……。少し緊張を緩和するというか、ちょっと話の向きを変えるというか。

松井：今日、（電車や道路が）混んでいましたかなんて聞くことありますよ。

手束：少し、話の向きを逸らす。

松井：対面のカウンセリングの場合はね。分析の場合はやりませんけどね。カウンセリングの場合だと、今日駅までは混んでいましたか、ってちょっと聞くと、また出てくることがありますよね。つまり、見抜かれていないと思うと、安心してかえって言葉が出てくることがあります。自分が隠したいと思う事を見抜かれていると思うと、パニックになってしまうかもしれない。見抜かれていないと思うと、また話しだすことがあります

よね。
手束：分析の場合は待つという事ですか。
松井：そうですね。

た　たくさん話す時は吐き出してもらうしかない

手束：たまっているものを吐き出すように言葉が次から次へと出てくる時にはそれを出してもらう、止めないということですね。
松井：止めても無理ですよね、そういう時には。発散的にいっぱい喋ってもらうしかないですよね。ストップしたり、解釈したりしないでとにかく、気がすむまで喋ってもらうしかないですよね。時々ありますよね。滔々《とうとう》と喋って、時間が来ても終わらない、終わろうとしないというか。
手束：吐き出してもらうしかないわけですが、いつも同じように怒りが次から次へと、とめどなくあふれてくる。毎回、変わらない。で帰って行かれるんですけれども、長い期間続くと、どこかで終わるかと思ったら終わらないわけですよね。そういうことがあって……。

松井：あの、サマライズコメントsummaries commentっていうのがあるんですよね。

手束：サマライズコメント。

松井：ええ、話されたことについて、短くまとめてこの間もこう話していて、今日もこういうこと気にされたんですね、と、まとめてしまうことで止まることがあるんですよね。長く喋っていることをサマライズ（要約）してコメントすると止まることがあります。分かってもらえたと思って話が止まるってことが必要でしょう。そうやって延々と、時間が来るまで喋り続けている場合はですね。

手束：………。

松井：喋ることが防衛になっているわけですよね。一番喋らないといけないことではなくて、周辺のことばかりを話しているから、どこまでいっても本物が出なくて長くなるんですね。つまり、本人の中でもまとまっていないと思うんです。例えば、父親に対する反発みたいなものが置き換えられて社長に対して出てくる不満になったりしますね。そうすると社長の悪

口をずっと言っているわけですよ。そういう時に、サマライズコメントをすることによって明らかになってくるというか。そういう場合には介入の必要があるんではないでしょうか。延々と続いている場合には、本物でないものを喋っているので、話が終わらないわけですね。

れ 冷静さと共感のバランス

手束：共感的表現は、不用意に語るとそこで話が止まりますよね。

松井：はい。

手束：話が止まって、話の向きが変わるというか。冷静さというのは、話を聞くことに徹するということですよね。ただ、共感性も必要だと。

松井：サマライズコメントの中には両方入っていますよね。あなたの話が分かりました、話の意味が分かった、ということと、よく聞いていますよ、っていう共感ですよね。両方含まれています。だから、大げさに、情緒的に共感しているということをやっちゃ困るんで、どこかで冷静に聞いている、というのがないといけないというか。これも非常に哲学的なことかもしれないんですけれどもね。例えば、歴史小説を書くときに、やっぱり特定の人物に思い入れをしていますよね。思い入れをして非常に共感的に書く場合もあるしそうでない場合もある。例えば、信長を描くときに共感的に描くのと、信長はとんでもないやつだって描くのとでは違いますよね。あれはアスペルガーではないか、何か病的ではないか人格障害ではないか、とかいう目で見ていることもあるだろうし、やっぱりあの性格があったから天下取る一歩手前まで行けたんだ、っていう見方もあるし、作者の思い入れによって描かれ方は違いますよね。思い入れが大きいと偉い人物にしてしまうし、あまりにも冷静だと、病気にしてしまうしね。だから、両方必要だということです。例えば人物評価っていうのもそうなんじゃないでしょうか。迷惑こうむっていると、あいつはどうしようもねえやつだとなるけれど、でも、こういうことは得意なんだよねとか。理屈っぽい奴だけれども、すごく勉強して本を読んでいるよとかね。批判の方は情緒的になっていて、でも冷静に見るとこういうところがある…と。

私がよく言うのは七分ほめて三分けなせってね。客観的に見ているところがあって、情緒的なものも多少入って、その辺が人物表現にも一番必要なのではないでしょうかね。

手束：物は言いようでいろいろな言い方が出来るのと同じように、聞き方だっていくらでもあるというか、多様というか。

松井：例えば、時間に正確なんていうのもね。ぴったりと時間に来る人に対してですが、強迫的なところもあるんですかっていう聞き方も出来ますよね。

手束：時間ちょうどに現れたら、約束をしっかり守る人ですね、ってことにもなるけど、何だかいつもあまりにも正確で強迫的ですねってことにもなる。

松井：話している最中でね、時間が来たから、十秒も待てないで「はい終わり」ってなるのはちょっと困りますよね。今話していることの終わりまでは聞いてよって。

手束：そうですよね。カウンセリングで、終了時間を、「あと二分」「あと一分」とか言って告げる人がいるという話を聞いたことがありますけれど、時間というのはそういうものではないと思いますね。

松井：何というか、心構えのようなものですよね。自分が思い入れをしていることに気付いたら冷静になるとか、あるいは、冷たくなっているなって思う時は、共感的なことをちょっと入れる、そういう姿勢を持つ。例えば、会社で上手くいかなくなっている鬱の人が来ますよね。上司に反論できなくてこんなこと、あんなこと言われたなんていう人いますよね。あなたやさしいですよね、と言うとこれ共感的ですよね。なんで反発しないんですかっていうと反論ですよね。あなたやさしいですよね、と言うのは、受身で上司の話を聞いているやさしさを指摘しているわけだから。サポーティブになりますよね。ふっとそういう、ネガティブなものが出てきた時に、ポジティブなことも考えてみるっていう姿勢も大事ですよね。

手束：反論できない、言いたいことが言えないということで、また自分を責めていることになりますね。

松井：遅刻する人がいるんですけどね、研修会なんかで毎回三十分くらい遅れてくる人に、熱中するタイプなんですね、とか言ってしまうわけですよ。何かに熱中して遅れてしまっているわけだからね。あなたは遅刻常習犯ですねっていうとネガティブだから、あなた熱中するんですねって言う。すると電話が来るとなかなか切れないんですっていう話が出てきたりする。そうすると何か温かい感じがするんですよね。人間的で温かいですねって言っているんですよね。

手束：色んなことをしないといけない、やり出すと止まらない。何かをしだすと熱心にやって、明日までには片付けないといけないとか。

松井：私なんかはですね、クイズを作るときに夜中の三時四時位にセブンイレブンにカラーコピーをしに行っていたことがあるんですよね。クイズのための写真をね、動物だとか植物だとか写真を撮って来て、合わせるっていうのを作っているんですよ。それを始めたら終わらなくって。セブンイレブンに行くんですよね。三時四時でも開いていますから、コピーするのに一時間位かかってやるんですよね。

手束：それはすごいですね。

松井：だから、熱中する、熱心ですねって言われるけど、自分ではそういう感じはしないんですよね。

手束：でも先生は遅刻はしないですよね。

松井：私はこのくらい持っているんですよ（手でかなりの厚さを示す）。クイズみたいなものをね。学生の集中講義の時、昼休みあるでしょ、その後にクイズをやるんですよ。大体、一時からの授業って寝ている人がいるでしょ。そういうときは、むしろアクティビティやって、クイズみたいなのをやるんですよ。そうすると、熱心になるんですよ。

手束：なるほど。先生は前の晩に徹夜してクイズを作って、翌日は丸一日の集中講義を朝からぶっ続けでやるわけですね。

松井：午前中眠たそうな顔しているやつが、かっと目を見開いてクイズをやっています。午後の時間を使って、一コマか二コマ、夕方までやってしまうこともあるんですよね。先週の木、金、土、日と、二か所でやったんです、学生対象の講義と作業療法士のための講義と。元気になるアクティビティというテーマでやってくれっていうんで、ゲームをいっぱい持って行ってやって、すごく喜ばれましたけどね。もう大騒ぎで。

手束：それは、元を正すと、先生が病院院長時代に自ら患者さんと一緒にレクリエーションやスポーツをやったり、それこそクイズやったり、そういうことに原点があるんでしょうか。

松井：あるのかもしれませんね。あ、もっと前ですね。小学校時代からです。小学校の時に昔は先生が学級長や副学級長を決めたんですよ。私は毎年やらされたんです。皆言うことを聞かないじゃないですか、小学生じゃ級長の言うことは聞かないですよ。だから、色々遊びみたいなことをやって、注意を向けた。中学時代もそうでした。マージャンを始めたのは小学校二年生の時ですからね。マージャン、トランプ、百人一首とカルタとかもね、仲間が集中できるようにいろんなゲーム作ったりしました。それがスタートだと思うんです。

手束：この『心理療法いろはカルタ』もその流れですね。ゲームをやりながら、言葉遊びしながら学んで行こうという、学ばせようという。

松井：昨日も一昨日もやったんですけどね、『精神科作業療法いろはカルタ』[※22]っていうのをね。面白いですよ。取ったら、次の札をひかないで、見ているんですよ。なるほどなって。やっぱりほら、考えるわけですよね。作業療法に関することが書いてあるから。

そ

想像力も必要だが、過ぎると毒にもなる

手束：私はこの、「過ぎると毒」というやつをかなり経験していますね。

松井：我々、カウンセラー、心理療法家もそうだけれども、やっぱり早く知りたいですよね、ダイナミクスを。だから、自分の知っているダイナミクスにあてはめて理解しようとしてしまう。これは危険だと思うんですよね。例えば、エディプスコンプレックスではないかとかね、ぱっぱっぱっぱとね、直観に従ってあてはめてしまう。すごく危険なこと（ろ「論理的に聞かない方が良い」参照）だと思うんです。そういう戒めとして作ったんですけどね。

手束：相手を理解するための仮説を求める想像力っていうのもあるけれども、私が陥りがちなのは患者さんの状態、身になって、どういうことを体験しているのだろうと、思い入れて想像してしまうんですよね。特に面接の初期においてですが、相手の人をそれで見ているっ

※22　『精神科作業療法いろはカルタ』『心理療法いろはカルタ』松井紀和作。日本臨床心理研究所発行。

もりになっている。その人が体験していることを、想像ないし空想で感じている。けれども、それはこちらのことであって、相手が実際に体験していることとは違うわけですよね。その人がその地域の中で現実に生活していると感じられていないというか、空想の対象になっていて、それに向かって共感しているんですね。そうなっていたということが往々にしてある。それが相手の情緒とフィットすると、コミュニケーションが良すぎてしまうというか、成り立ちすぎてしまうということがありますね。つまり、投影ですよね。

松井：投影っていうのは共感同一視ですよね。ま、毒にならない程度だったら必要なんじゃないんですかね。それがないと、サイコセラピーできないと思いますよ。

手束：毒は、その中に低迷してしまうことですね。

松井：自分の想像したものを、自分のセオリーに当てはめて「分かった、分かった」というふうになると、毒ですよね。確かめもしないで分かったって。ただ、我々の中には分かりたいという気持ちがありますからね。早くダイナミクスを知りたい、早く治してあげたいという気持ちが悪いわけではないけれども、行きすぎてしまうと中途半端なところで、相手がその内容を受け入れられない内に分かってしまうというかね。そういうことが起こりますね。それに対する戒めですね。けれども想像力働かせなきゃサイコセラピーはできませんよね。

手束：芸術療法なんかは特にそうですよね。

松井：そうですね。心理劇[※23]なんかはね、本人ではなくて代わりの人がやることがありますよね。本人だったら多分そうするだろうということをやるわけですよね。すごく面白いんだけれども、やっていることは共感だと思うんですけど、想像でもあるわけですよね。多分この人はこういう風に対応するだろうと思ってやってみせるんですね。すごく大切なことなんですけれども、過ぎるとまずい。

※23　**心理劇**：芸術療法の一種。クライエントが自分を劇中人物にしてグループの中で演じるなどして、洞察を図る。

手束：絵を描いてもらって、絵で表現している場合でも、本人の体験しているその感じっていうのは、本当のところは分からないわけなんですが、分かったつもりになって「かのような」理解をしているわけです。それも過ぎれば毒ですね。

松井：絵に描いたものでね、人格が分かるってこともあるんですけどね。クライエントだけではなくて、講習会なんかで私がよくやるのは、「雨の中の私」※24を描いてもらって、それについて私が解釈して説明するんだけれども、その時に描いた人の表情を見てますね。話しながら表情を見ていて、回答を考えることがあるんですよね。易者みたいなもので。

手束：ええ。

松井：描いた人が、当たっているって思っている時はそういう顔をしていますよね。「えっ？」と思う時には変な顔をしていますよね。それを見ながら、コントロールするんですけどね。これはこういう風に見るんだってことは、ロールシャッハ・テストにもあることはあるんだけれども、絶対ではないです。だから、表情を見ながらコントロールしないといけないんですよね。

手束：絵で言えば、クライエントの絵に現れた表現の奇抜さとか特異性、独創性ですよね。私の場合、そういったことに感心してしまって、そこに示されている危険な面などを、あまり評価しないで済ましてしまうというか、そういった傾向があるなと思っています。

松井：話が脱線するけれども毛沢東がね、日本に賠償を求めなかったですよね。仲良くなるためには喧嘩が必要、と言っていましたよね。あれ、名言だと思うんですけど、それを聞いて毛沢東はすごい人だなって思ったんですけれども。

手束：なるほど。

松井：今はだめですね。領土問題でどうしようもないですね。

手束：このまま行っても進まないですよね。

松井：そうですよね。私がね、全体を通して強調しているのは、「ほどほど機能」っていうんですけれどもね。そういう言葉はないですけれど、これが健康な証拠だと思うんですよね。やり過ぎないでほどほどに留めておくというか、攻撃もほどほどに、共感もほどほどにしておく。そういう「ほどほど機能」っていうのが、我々にはあると思うんですよね。それがないのはやっぱり障害だと思うんです。極端になってしまって、攻撃も殺すまでになってしまうというか。あるいは共感すると、どうしようもなくなってしまうとかね。「ほどほど機能」っていうのがね、どこにあるかというと脳の機能ではないかって思うんですけどね。ただ

※24　**「雨の中の私」**：描画テスト・描画療法の一つ。「雨の中の私」というテーマで自由に描いてもらい、話し合う。

「ほどほど機能」がどこで自己をコントロールしているのかっていうことは難しいですよね。おそらく、脳のどこかで統合している所があるのではないかとは思うんですけれどもね。このカルタ全体を通して言っていることが、この「ほどほど機能」なんですよね。

つ　つきあいを楽しんでいる時は、改善されたと思って良い

手束：重い神経症の人が改善してきて、改善してくると余裕が出て来て、表情が豊かになってくる。やって来ることも楽しみになってくるというか。悪い時っていうのは状態の悪さに強いられて来ているっていうのもあるし、悪さになじんでいる感じもしますね。そういう時は、表情も悪いし、ひどい顔が現れたりしますしね。クライエントがつきあいを楽しんでいる時、これはやっぱり、改善されてきているというサインですね。

松井：そうですね。前に話したんですけど（ぬ「ぬるま湯につかっている時は抵抗を考える」）、ある鬱の人が来て、三か月くらい経った頃にね。ヤマメ釣りの話が出て、で、「ぼちぼちよろしいでしょうか」ってなってね。そりゃ、「あなたが良ければいいですよ」ってなったんですけどね。私も乗ってしまってね、どこの川のどこにいたって話を聞いて、実際に

行ったんですよ私（笑）。

手束：そこに行かれたんですね。この前のお話の後日談ですね。釣れました？

松井：ええ。

手束：いいことを聞いたと。

松井：こっちも釣り好きだからね、夢中になって聞いたんだけれども。もうその時には既に改善されているから、そういう話が出てきているわけですよね。

手束：つまりこっちも付き合いを楽しんでいる。

松井：そうです。そういう状況になっているということはよくなっているということです。だって、釣りの話を夢中になってしていましたからね。あそこはこういう餌がいいとかね、あそこはだめとか。その餌の作り方、餌の求め方まで教えてくれるんですよ。これやると釣れますよなんて話までしてね。

手束：そうやって色々教えてくれる人っていますよね。

ね 眠ることへのこだわりは安眠を妨げる

手束：眠れないと訴えるとすぐに医者は薬を出して、それでも眠れないと言って、また出してもらって……

松井：出してしまうんですよね。睡眠薬を出すんですよね。だから私は、睡眠薬を出さないでくれって言うんですけれども。

手束：薬をもらったけど、やっぱり眠れないんですとまた医者に言う。医者は、では、次はこれをって追加したり、色々併せて、薬の種類が多くなり、眠りに対していよいよ神経質になってしまう。

松井：あのね、薬物依存になってしまうんですよ。飲まないと不安になってしまうんです。今日は飲んでいないから眠れないだろうっていうふうになってしまって。だから、私はいつも不眠症の人に言うんです。不眠症の治療は起きていることですよって。

手束：ああ、不眠症の治療は起きていることだと。

松井：はい。起きてりゃいいんですよって。寝てしまいますよ、たいていね。本読みながらうつぶせになって二時間位寝ますよ。ある会社の社長さんがね、不眠症で来たんですけれどもね、特別室っていう有料の部屋に泊まってもらって、一時間おきに行って寝ているようだったら起こしてと看護婦さんに言ったんです。寝ているようだったら、寝ちゃダメだって揺り起してって。そしたら、朝揺り起しても起きなくなっちゃった。

手束：あ、そうですか。

松井：久し振りにゆっくり寝ましたと言って、えらい喜んで帰りましたけれどもね。

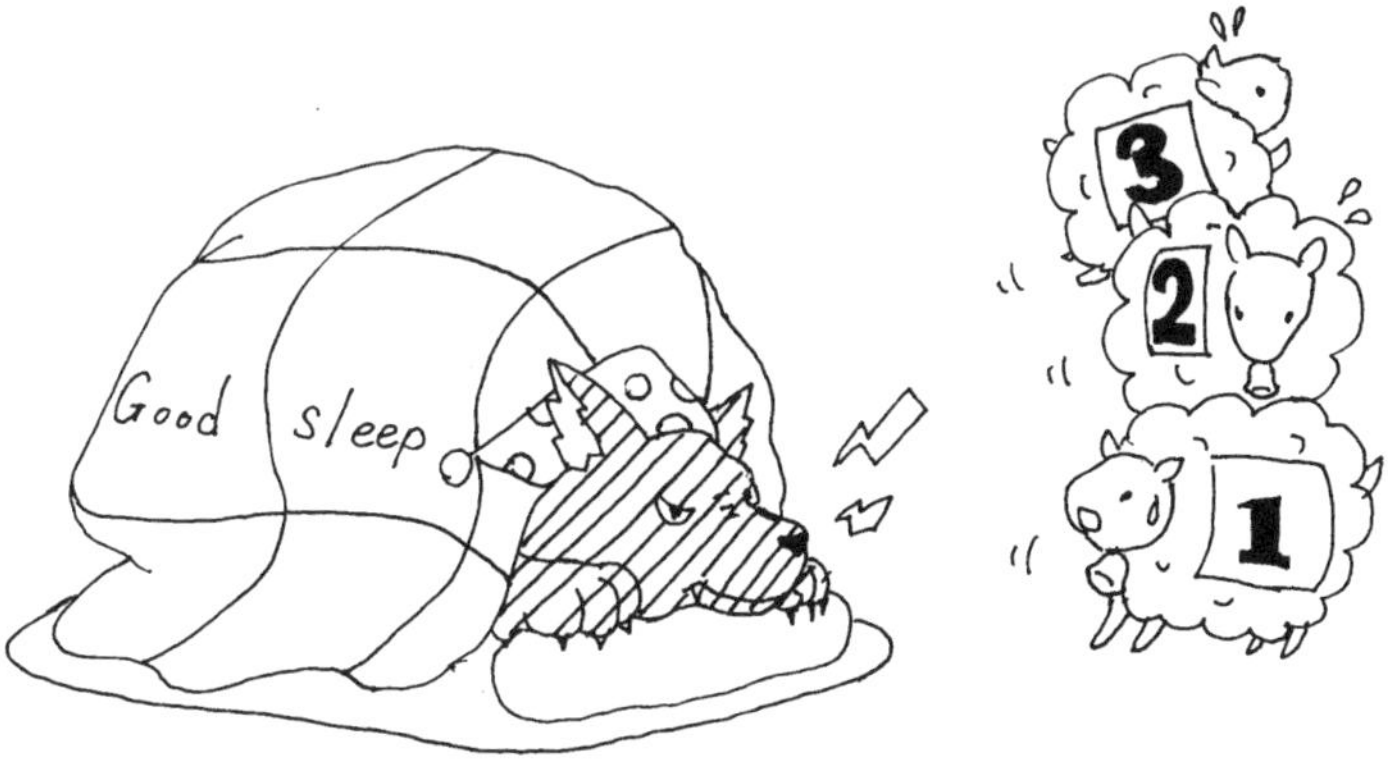

な 涙は色々な意味を持っている

松井：一つだけ言えることは、安心しなきゃ泣かないってこと。相手とか、状況とか場面とか。安心できなきゃ涙は出ないですよ。だから、喜びの感動の涙もあるし、悲しみの涙もあるし。いずれにしてもね、涙が出てくること自体が安心した状況なんです。安心した状況にないと涙は出ないですよ。安心していないと悲しみは出てきても涙は出てこない。

手束：来る度にとめどなく怒りをぶつけている人が、ある時に泣くわけですね。泣くということが初めてだったと思うんだけれども。いつもと違ってその日はトイレに行かないで帰りましたね。

松井：泣くことが排泄になっていた。

手束：怒りを出すことは排泄になっていなかったということですよね。逆に言うと。

松井：やっぱり、泣いた時に本当に自分の気持ちがすっきりしたんでしょうね。

手束：『精神科作業療法の手引き』の中では、涙の種類についてはお書きになっていないですか。

松井：泣くことについては書いていなかったな。あの、演歌でね。「泣けるうちはいいさ」って歌詞がありましたね。なんて歌か忘れてしまいましたけど。「泣けるうちはいいさ」って、泣けなくなった時はもう救いがないというか。本当に安心しきった時にしか涙は出てこないことは確かだと思うんですよ。江戸時代に拷問がありましたよね、あれ泣きますかね。拷問されている時に。

手束：泣けないですね。泣くっていうのは、やっぱり、ポジティブな要素がある時に泣くんですね。

松井：ですね。だから、相手に安心したとか、安心しきって抱っこされてもいいって位安心した時とか。後は、今まで隠していたけれども話してしまったとかね。ほっとしたとか、そういうポジティブな要素があった時にしか泣かない。だから、いじめられている時には泣かないですよね。ただ子どもはどうなんでしょうね。子どもの場合は甘えたくて泣いているような感じがありますね。電車の中で泣いているのを見ていると、泣くとお母さんが抱っこしてあげて泣きやみますよね。そういうサインみたいな、もっと甘えたいというサインがあるのかな。

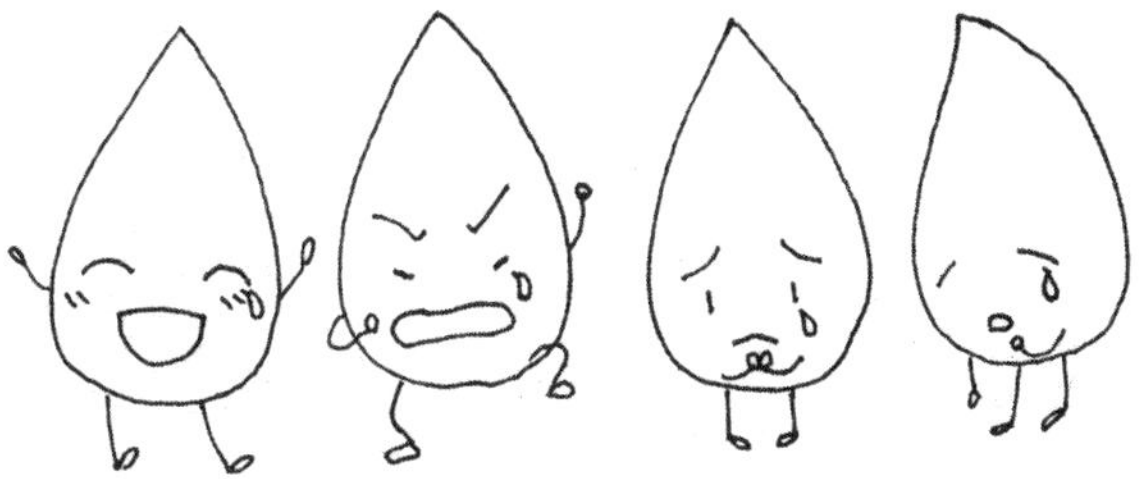

手束：呼んでる感じですよね。抱き上げられると泣きやむ。

松井：奈良で、永六輔さんと「音楽といのち」[※25]という対談をしたんですけどね、その時に私が言ったのは、人間は赤ちゃんの時に最初に泣く。産声ですよね。そして最後に泣いて別れると。涙で始まって涙で終わるんだって話をしたんですよ。永六輔さんはすごく感動していましたけどね。涙ってすごく大切なんだって話をしたんですよ。

手束：終わる時って、むしろ、周りが泣いていますよね。

松井：最期の臨終の時はそうですけども、その前に、自分の死を予測した時に泣きますよね。そっと泣くというか。で、次には家族が泣く。仲の悪かった親子はどうなるんですかね。父と息子が喧嘩していて、息子が家を出てしまっていて、何か一緒にしたことはない、十年も会っていないなんて場合は、どうなるんでしょうかね。もし臨終に立ち会って、泣いたとしたら和解しているってことですよね。和解してなきゃ泣けないですよね。……ところで泣くっていう字はどうしてあの字なんですかね。

手束：氵に立つという字ですね。水と関係があるのですね。帰ったら調べてみますけど。[※26]

ら

楽になった時には、雑談が出ることが多い

松井：電車が混んでいたとか、道路が混んでいてちょっと来るのが大変だったとか、それで遅れたとか、いとこがこの間来たとかね。障害や症状とかと直接関係ないような話が出てくる時は、割と楽になった時だと思うんですよね。で、私はそういう時は雑談に応じるんです。

手束：応じるわけですね、一緒に雑談する。

松井：うん、例えばこの間の台風なんかの時にね、すごいですね今の台風は、いやまったく、あの時は私はここにいましたけどえらいことでしたね、電車が止まってしまってなんていうようなことを言

※25　「音楽といのち」永六輔―松井紀和の対談　臨床音楽療法研究（創刊号）一九九九

※26　「氵」は川の流れを表し、「立」は地に立つ人を表すとのことである。白川静『字通』（平凡社）より。

って、応じますね。グループエンカウンターの時でも、雑談で花が咲く時っていうのは、一段落した時ですよね。誰かカオスの人がいる時には、雑談の花は咲かないですよね。

む 無理していると感じた時は、たいていこちらも緊張している

松井：こっちが無理していると相手も無理してしまうというか、向こうが無理しているとこっちも無理してしまうというか。以心伝心というか、移ってしまうんですね。自分が無理しているのを自覚するよりは、相手が無理していることの方が見えやすい。それを通して、自分が無理しているということに気付くということです。だから投影同一視みたいな。こっちが緊張している、つまり無理している時、向こうも何か具合が悪いと感じている。カウンセラーがすごい頑張っているから緊張してしまうというか。それを見てまたこっちも緊張してしまうという、相互関係でね、緊張し合いをするということがよくあるわけですね。そういうことを言ってるんです。こんなことあまり言われていないですよね。

手束：その通りだと思います。こっちが自分の緊張を解除できなきゃいけないですよね。クライエントよりも早く。

松井：そうですね。

手束：それは、自分が無理しているなと感じることが重要ですよね。

松井：ただ、緊張していると、そう感じないことが多いですよね。緊張自体を。ちょっと自分を客観的に見て、ああ、俺も緊張しているなって思えるといいんですけどね。そうすると自覚できることもある。自覚しやすくなるために（このカルタを）作ったわけです。緊張のし合いとか、リラックスのし合いとかあるんだけれども、あまり言われていない。結構大事な要素だと思うんですけどね。

手束：緊張しているなと感じるだけでも、解除のとっかかりになるんですね。

松井：なりますね。気づけばいいと思うんですよ。何かしなくても、気づけばある程度リラックスしますからね。

手束：そうすると、こちらの行動とか表情にも違いが出てきますよね。ちょっとした言葉とか。

松井：微妙にね、移るんですよね。こちらが、ふっと気づいて安心すると向こうもちょっと楽になる。それはお

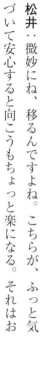

互い気づいていないことが多いんですよね。よくあることなんですけどね。だから、その相互関係、相互にプロジェクション[※27]する、しやすいということをね、自覚しておいて欲しい。とかく、クライエントのことばっかり焦点になりやすいですよね。クライエントがどうしたとか、どうなったとか。けれども、こちら側の情緒とクライエント側の情緒というのが、付き合いはじめるというかね。それが心理療法だと思うんです。そういうことはそんな触れられないことが多いんでね。

手束：お互いの情緒が触れ合っていることを、感じとることができている状態がよろしいということですね。

松井：そうですね。

う　恨みつらみは尽きることがない

松井：一〇〇パーセント自分のやりたいことをやっている人はいないですね。そういう人がいたら、病気でしょうね。もし恨みつらみがない人がいたら、おかしいですよね。だから、何か（恨みつらみ）が心に残ってしまうことが自然だっていうことを言っているわけです。

手束：恨みつらが延々と語られる、それが吐き出されることになった、ということ自体が、その人にとっては一つの展開ですよね。

松井：そうですよね。恨みつらみがあるから来るわけで、なければ来ないですよね。恨みつらみばかり言っているってことがあるけれども、それは自然なんだという認識をこちらが持っている必要がありますね。だから、恨みつらみは尽きることがないと考えていいと思う。こちら側の姿勢として、恨みつらみばかり言っているということを、おかしいと思うのではなく、恨みつらみがあって当たり前と思っていればいいということです。

手束：尽きない恨みつらみを延々と聞いていく。元々の恨みや怒りの発生点という所に話が到達して、繰り返し語る。その恨みつらみの発生点となっているそのものはなくなるわけではなくて、やっぱりある。恨みつらみがあって当然だし、ない方がおかしいというのは勿論その通りですが、そういう風にクライエントがそういう（語り尽くす）思いになっていくっていうのは大変なことですよね。

松井：大変なこと。

※27　**projection 投影**：自分の内部にある思い、情緒、衝動などを外（相手）にあるものとみなす心の働き。ここでは、相手が緊張していると感じることが相互に起こることを言っている。

手東：家族から幼い時に心ない扱いをされていたとか、そういった事が場面を変えて反復されることに対する本人の怒りやさびしさっていいますか。それを受け入れていくプロセスっていうのは大変なことのように思うんですけれども。

松井：あの、手東さんのおっしゃっていることはあると思うんだけれども、ここではそこまでは言っていないんです。この人は恨みつらみばかり言っているっていうふうに評価するんじゃなくて、それが当たり前だと考えた方がいいということを、セラピストに対して言っているんですね。

手東：ええ、はい。

松井：それ（恨みつらみ）がなぜ起こってくるのかということまでは考えていないわけですね。この言葉の中ではね。なぜ恨みつらみが出てくるのかを追求していくと、手東さんのおっしゃるようなことがあるかもしれないですよね。ただ、ここで言っているのはセラピストの態度のことを言っているわけですから。恨みつらみばかり言っている人っていうように、クライエントにネガティブな評価をしてしまう事があるのが困るって言っているわけです。

手東：はい。

松井：さっきの話は、聞き方として考えていけばつながるでしょうね。同じことが繰り返し語られる時は、サマライズコメントによって、もっと深くに隠されていることが明らかになってくることもあると思うんですよね。

手束：恨みつらみを聞いていく時に、往々にしてこっちがやりきれなくなってくることがありますよね。投げ出したくなるっていうか。そういうセラピストに向けての戒めの言葉ということですね。

松井：逆の言い方をするとね、円満な人っていうのは全部抑えてしまっている人です。

手束：ああ。はい。

松井：円満に見える人でも、カウンセリングに来れば恨みつらみを話すわけですよね。本当は恨みつらみがあるわけです。けれどもそれを抑えてしまって、いい人になってしまっているわけだからね。演技しているわけですよね。けれどもカウンセリ

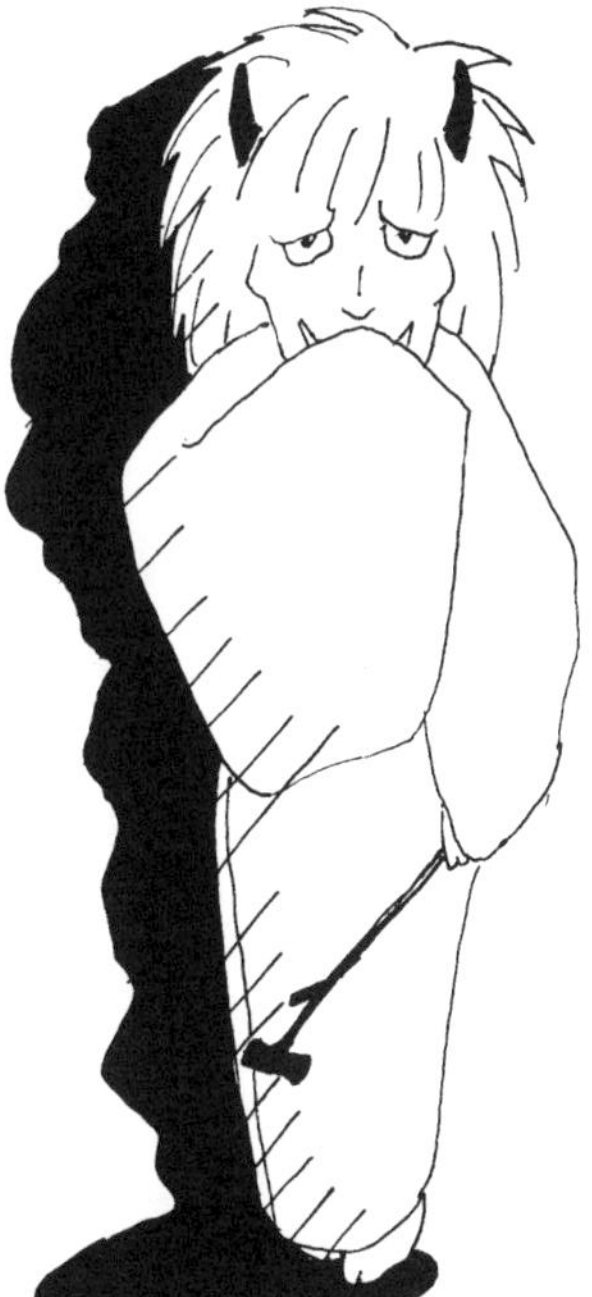

ングに来ると演技する必要がないから、恨みつらみを言うことになりますね。
手束：ええ。
松井：特に、身体面に症状を出す人は、言語的には恨みつらみは言いませんが、それが体に出てきているわけですね。そういう人の恨みつらみが言語化されて出てくることはいいことですよね。ここで言っていることは、セラピストに対する注意に過ぎないのですが。

の 能動性と受動性を使い分ける

手束：よく受身的態度が大事と言いますよね。セラピストは受け身でなきゃいけないと。けれども受け身的に振る舞うというのは、黙って聞くという受動性を意識的に相手に向けているということでは能動的ですよね。大元のところでは、こっちがそうやっているわけで。
松井：どちらか一方をやっているだけではだめですね。やらなきゃいかん時は能動的にならなきゃならないし、能動的になったらまずい時はあるし、それを使い分けなければいけない。だから、聞くことは大事だけれども、聞いているだけではどうしようもないですね。
手束：黙って聞いている状態と、何らかのアクションをする、コメントするとか、相手の言っていることを繰り返すとか、そこのバランスを言っておられるのかなと。

松井：そうなんです。初心者はね、聞くことが大事だといけないと言われると、聞いていなきゃいけないと無理してしまうわけです。それから、逆に、聞いていなきゃいけない時に解釈しすぎてしまって黙らせてしまうということもありますよね。初心者ほど解釈が多いんです。そういう研究が昔、アメリカでありましたね。あの、ユング派とフロイト派とアドラー派とロジャーズ派の人に対して、ある状況を想定してこういう時どうするか、という質問をした研究があったんですよ。結論は、何派だからということではなくて、初心者ほど、慣れていない人ほど介入が多いと。※28

手束：介入が多い。

松井：ベテランになればそんなに解釈しない。若い人ほど解釈などの介入が多いということだったんです。その辺バランスよくやらないと。必要な時にはアクティブにやらないといけないし、聞かないといけない時は聞かないといけない。そこを分けることが大事ですね。どっちか一方が過ぎたらダメだってことです。

※28　一九五〇―六〇年代と思われるこの種の研究を含む総説として、「統合的心理療法とドードー鳥の裁定：心理療法に優劣はない」齋尾武郎二〇一三　臨床評価 41(2) がある。

手束：バランスが大事というか。

松井：そうですね。バランスというか必要性ですね。必要性の判断ができないといけないですよね。バランスというとちょっと違うというか。介入しなければいけない時を分からないといけないですよね。介入しなければいけない時に黙っているとか、かといって介入し過ぎているとか、受身で聞いていなければいけない時に介入をしてしまっているとか。その辺はセラピストが必要性をどうやって感じとるかっていうことなんでしょうけれども。介入しなければいけない時をどういうふうに判断していくかということですね。

手束：繰り返しを入れていくのは、そこから話がさらに発展するとか深まるとか、そういうポイントになりそうな言葉に対してだと、私は考えていますが。

松井：繰り返しは「やわらかい解釈」なんですよね。

手束：それ自体がもう解釈なんですよね。

松井：「やわらかい解釈」ですね。ロジャーリアンの場合は解釈はしないことが多いですよね。解釈をしないで反応を繰り返すというか。けれどもそれは精神分析で言うと解釈に近いわけです。繰り返しをすると必ず反復して、反復という形でもっと違うもの、もっと奥にあるものが出てきやすくなると思うんですね。だから解釈になっていると思うんです。

手束：ただ、そういう繰り返しというのは出来る人がやらないと妙なことになりますね。解釈にもなるような繰り返しを言うっていうことをロジャーリアンはしているということですが、初心者の人達は、往々にしてただ単に繰り返すというか、繰り返されることでかえって話が妨げられることもありそうですね……。さらに何か能動性が必要なことは…

松井：それだけでいいんじゃないですか。要するにクライエントの状況をよく見るっていうことです。クライエントの心理的な状況をキャッチしなければいけないということですよね。

手束：それが能動性ということですね。

松井：そういうことです。それはカウンセリングや心理療法のコツというか、会話のコツですよね。普通の商談もそうじゃない

ですか。会話っていうのは、受けたり、取ったり、あげたり、そういうことで成り立つわけですよね。心理療法って「無駄がない会話」に近いと思うんです。

手束：「無駄がない会話」ですね。

松井：普通の営業でも、上手い人はね、相手に喋らせるんですよね。売る方が喋るんじゃだめなんです。コマーシャルしているんじゃだめですよね。お客さんの方に喋らせるのが上手い人は、よく注文を取りますよね。そういう会話のコツと、基本的には同じだと思うんです。

手束：車のセールスマンが車を売ろうと思っちゃいけないってことと同じですね。

お　落ち着く場がないのはつらいことである

松井：これはもう言葉の通りだと思いますけどね。

手束：カウンセリングの場が唯一の落ち着く場所であるとか、ほっとできる場所だということがありえますよね。

松井：いろいろ症状がある人でね、家族関係が上手くいっている人は少ないですよね。会社で嫌になって、家に帰ってもこぼすことができないというか、そういう、家族関係が上手くいっていない人がほとんどですよね。ほっとできる場所がないというか、会社でやられて家でもやられてっていうのは大変ですよね。そういう人結構多いですよね。受け入れられていないというか。

手束：子どもの頃から、学校でいじめにあっていたり、嫌な事件を家に帰って親に語れなかったり、聞いてもらえなかったり。そういうことは語ってはならないものと自ら禁じたりするということもありますね。

松井：どこかでね、配偶者でもいいし、誰でもいいけど、聞いてくれる人がいて、批判的に聞かないで黙って聞いてくれる人がいれば、あるいは共感的に聞いてくれる人がいれば、それが落ち着く場ですよね。家族がダメでも友達が聞いてくれればいいですよね。今は（落ち着く場が）ない人が多いですよね。どこいってもダメ、職場もダメ、友達もいない、家族もダメっていうね。八方ふさがりになってしまう。とても辛いことだと思うんです。それはあなたのやり方が悪いからよって言われたら、どうしようもないですよね。けれども聞いている方は言いたくなりますよね。なんであんたこう言わないの、とか、こういう時にこうすれば良かったのにとか。状況が分からないもんだから、こう言えばいいじゃないの、あなたがちゃんと言わなきゃ分かんないよ、って言ってしまう。そうするともう、二度と言えない。言ってもダメだなって思ってしまう。

手束：それと、聞き手であるはずの親自体が、そもそも自分の親に聞いてもらえなかったとか、心を抱えてもらえなかったとかで、黙って聞いてあげるということを、自分の娘なり息子なりに当たり前のように提供できない。

松井：経験していないということですね。そういうこともありますよね。ある種の遺伝なんですよ。隔世遺伝なんていうこともあるんです。

手束：隔世遺伝……。

松井：親に聞いてもらえなかったから自分は子どもの話を聞くとかね、何か言うと親に批判されたから、自分は子どもの話を批判しないで聞かないといけない、っていうふうに、自分の親を反面教師として正反対の態度を取ることがありますよね。親から可愛がられなかったから、子どもを可愛がる。親からしょっちゅう怒られていたから、子どもを怒らないようにする。親からきちんと言われなかったから、自分は言うようにしよう、家では怒られなかったのに

学校では注意されて、家で何で怒ってくれなかったんだろうって思ったから、自分は子どもに注意しよう。ちゃんと叱っておかないといけないと思って叱る、とかね。反動形成（135頁の注30参照）になるんだけれども、親に受けたことが不快だったから、自分の子どもには不快な思いを与えないように、自分の親に受けたことと違うことをするということが続くと、これは隔世遺伝になりますよね。

手束：隔世遺伝と言われるのは、お祖父さんとかお祖母さんに似てくるってことですよね。

松井：学習したことをね、そのまま受け継いでやることもありますが、学習したことに対してネガティブな感情を持っている場合には、反対のことをやる場合があるわけです。そうすると、反対の反対になるから隔世遺伝のようなことになる。隔世遺伝的に一つ置いて孫に、孫に、というふうに伝わっていくということがありますよね。

手束：反動形成は遺伝していくと。

松井：そうですね。けれども似てくることも沢山ありますよ。素質が同じですからね。素質が伝わっているわけだから、似たようなタイプになる。お喋りなお父さんからお喋りな息子が生まれることもありますが、いつも黙っている息子が生まれることもありますよね。親から受けたことをどんなふうに感じるかで変わってくるでしょうね。似てくることは、アンコンシャス（無意識的）なことが多いのではないでしょうか。自分は似ているつもりは全くないけれども、傍から見たら似ている。だから、アンコンシャスに受け入れていることが多いですよね。

手束：ただ、アンコンシャスにも似ていないということもありますよね。

松井：ありますね。ただ、父母のどちらからも遺伝しますからね。どちらかの血を受け継いでいるんですよね。（一方の親に）似ていないといってももう一方の親に似ているかもしれない。

く　苦しい時には、とりあえず休む機会を提供することが必要

松井：何が休みになるかが大事ですよね。例えばグループで考えると、雑談をしますよね。雑談が三十分くらい続くことがありますよね。これ、休みだと思うんですよ。切羽詰まった時とか、まさに本質的なことが出てきそうになった時には、ちょっと休むことが必要な時がありますよね。そこで追い詰めない、追い詰めると（クライエントが）来なくなってしまう。特に精神分析では心的な外傷体験[※29]（トラウマ）に近づいてくると来なくなることがありますよね。そういう時に休みを入れる。患者さんが休みを入れることもありますよね。いいとこ

ろまで来た時に来なくなってしまって、何か用事があるから来れないなんて言って。それはおそらく休みだとは思っていなくて、自然に起こってくることだろうと思うんですけれども。疲れた時は休みを取るというか、自然に取ってしまうこともあるし。カウンセラーとしては意図的に休んでもいいというか、深まりすぎたなという時は、ちょっとお休みを取った方がいい時がある、ということを言っているわけです。

手束：実際にキャンセルするということもあるけれど、面接の中でのクライエントの話が、外傷的な事態とかにちょっと触れるとまた（日常的な話に）戻るというか、ある程度触れてまたすっと戻るとか。波がありますから。そうやって自ら休んでいる人もいるし。

松井：ええ、休む人もいますね。自分で沈黙したりする人もいますよね。それは受け入れればいいと思うんだけれども。まじめな人は行かなきゃならん、走らなきゃならんと無理して走っている時もあるから、走ってしまう人は危険だから少し休ませた方がいいということで、雑談的な介入をすることもありえるかなと思いますね。

手束：ただその辺は難しい気がするんですけど。（先へ進むような）介入を待っているとい

※29　**心的な外傷体験**：後年の精神発達に影響を及ぼすような、特定の時期の心の深い傷つき。

うか、介入して欲しいというか。そういう時もある気がするんですね。休みたいけど、そこで休んでいると先に進めないという気がしている。クライエント自身が（介入を）待ってる、そういう……

松井：それは分かるんじゃないですか。セラピストに介入して欲しいと思っている時は分かると思うんですけどね。それは休むチャンスではないと思うんですよね。疲れ切っている時が休むチャンスです。そういう時には介入して欲しいという姿勢がないと思います。

手束：基本は、こちらから介入はしない…。

松井：ええ、しないでいいですね。しないのが普通だけれども、クライエントの中には休めない人もいるわけですよね。だから、突っ走る人には休ませた方がいいというか、休むようにした方がいいということです。

手束：場合によっては介入して休んでもらう……。

松井：今、どういう状況にあるのかということを、セラピストが捉えとかなきゃいけないと思うんですよね。あまりにも一気に行きすぎて、パニックになっていると感じた時は休ませる必要がある。ほとんど自分で休みますけどね。ペースが分からない人もいますからね。特にボーダーラインとか、病理が深い人は、休めないことがあるんですね。そういう時は、休憩して雑談をちょっと入れるとか、あまり関係ないことを入れたりして。

手束：セラピストが舵取りをする。
松井：それは必要ですよね。
手束：はい
松井：特に同じようなことが繰り返されている場合には、こちらが舵取りをしていかないと大変なことになりますよね。パニックになってしまう場合もありますよね。その時は、逆戻りしたり、休んだりしなきゃいけない。そのあたりは直感的なことだろうと思うけれども。精神療法ではその辺の直感が大事だってことですよね。
手束：「能動性と受動性を使い分ける」ってことでもありますよね。
松井：基本は全部直感なんですよ

ね。相手の状況をどんなふうに感じとるのかって、精神療法ではほとんど直感ですよね。

手束：カウチだと表情が見えないですよね。

松井：見えないですね。でも言葉の表情があります。それから、ノンバーバルな行動はよく見られますよね。

手束：足の動きとか、体全体の動きですね。

松井：そうですね。はい。

や　休みが多い時は、抵抗を考える必要あり

手束：この場合の休みとはクライエントが面接をキャンセルするということですか?

松井：ですね。休む場合は全部に理由が付いていますけどね。けれども休みが続く場合は抵抗を考えた方がいいですね。

手束：そうですね。実際にキャンセルということもそうだし、セッションの中での話の休みって言いますか、話自体が止まってしまう、そこで休んじゃうというか。比較的浅い話が続くようなことがありますね。

松井：沈黙は休みかどうか分からないですよね。雑談的な話の方が休みになっている。今日電車が混んでいて立って来たんですよなんて話をする時には、それが休みになっていると思うんですよね。沈黙は休みではなくて、詰まっているってことですね。詰まっているものが喋りにくいもの。そういう時に沈黙があるわけだから沈黙を休みとは言えないですね。

手束：詰まっていることもありますが、自己探索していることもある。沈黙をどう理解するかって難しいですよね。

松井：グループの時に、イニシャルサイレンスがあるんですよね。始めて三十分くらいは誰も喋らない。

松井：それから、耐えきれなくて沈黙を破る人。あの中での沈黙にはいっぱい意味があるのではないでしょうか。沈黙って緊張していますよね。特にグループの時の沈黙っていうのはみんな緊張していますよね。緊張に耐えきれなくて喋り出す人がいる、だから、決して沈黙は休みではないですね。グループでは話が始まってるのに、その中で黙っている人は、休んでる場合

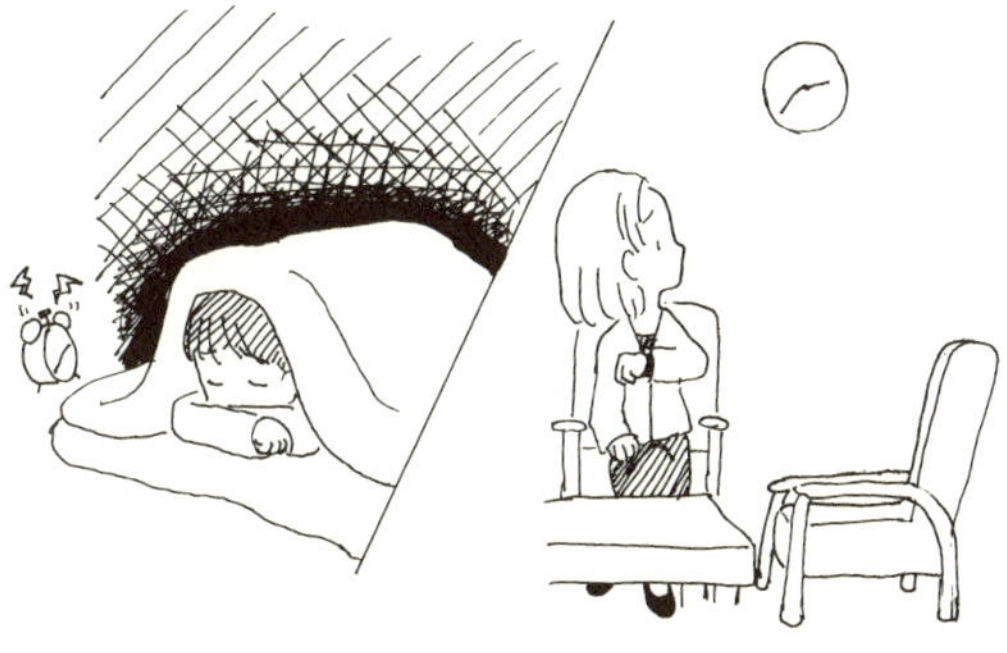

が多いですね。

手束：そうですね。

松井：個人カウンセリングの時に黙っているのは休みにはならないですよ。喋りに来ているわけですから、黙っていることが相手に与える影響が分かるわけだから、緊張して沈黙していることが多いんですね。対話している時の沈黙っていうのは単なる休みではないですね。どうでもいい話をする時に休み（抵抗でもある）になっているのではないでしょうか。

ま 待つことは大切だが、待つだけでは駄目なこともあるので見極めが大切

松井：「能動性と受動性を使い分ける」と同じことですね。

手束：要は、状況を見極めることが重要だと。

松井：待たなきゃいけないということで、初心者は緊張して待っているわけですよ。勉強途上だと仕方がないと思うんだけれども、こうあるべきだ、というのを守りすぎてしまうとまずいですよね。けれども初心者の場合だと仕方がないかもしれない。それから、セラピストのキャラクターにもよりますよね。喋るキャラクターの人はよく喋っていますよね、解釈や

介入が多いですよね。よく喋っている人と黙っている人とがいますよね。

手束：事例報告はあっても、そこからいろいろ想像はできても、実際どうやっているのかって見る機会はないですよね。

松井：トレーニングでやることがあるんですよね。ワンサイドミラーを使って。

手束：クライエントが話している時にうなずくか、うなずかないか、相づちの声をどう発するかとか、その辺って、ずいぶん人によって違う。

松井：ちょっとしたことだけれども、えらい違いですよ。影響がね。

手束：なるべく能面みたいな表情で様子を見るような人もいるようですが。

松井：これはちょっと違う話なんだけれども、例えば、フロイトは中立性を説いていますよね。けれどもフロイトは来た人にコーヒーなんか出しているわけです。お金のない人には無料でやったりするんです。フロイトは温かい人だから、中立性を強調している。温かくない人がそんなことをしたらだめなわけです。ロジャーズとフロイトは反対だと思うんですよ。

ロジャーズはすごく知的な人だと思うんです。フロイトは温かい人だから、受身性をすごく強調している。で、どちらかというと冷静な人の方が「共感」とか言って温かみを強調している。まさに、反動形成のことを言っているんだと思うんですよね。

手束：感情を表に出さない、中立的な態度を保つのがいいんだと言う人もいる。でもそれを強調する人のパーソナリティっていうのは必ずしもそうではないですよね。

松井：ないですね。だから、格言のようなことを言うのは反動形成だと思うんですよね。

手束：それを真に受けて自分への戒めとしてしまうのは……

松井：それは困りますね。まずいですよ。その人の言っていることってその人のキャラクターと違うことを言っていることが多いんじゃないですかね。フロイトは温かい人で、ロジャーズは論理的な人だと思うんです。それぞれが自分の性格とは正反対なことを言っているわけでね。だから真に受けたらまずいと思うんですよね。

手束：そうすると奇妙な話になるんだけれども、スーパーバイザーの言っていることを真に受けるのは危険だっていうことになる（苦笑）。

松井：そうそう。

手束：どこかでそれを相対化しないといけない。

松井：だから、キャラクターをよく承知しておいて、ほどほどに受け取ればいいわけですよね。ただその程度の反動形成[※30]は誰にでもありますから、格言そのものは生きているわけです。

ただ、誰にでも通用するわけではないから、分析家の人は二人以上のスーパーバイザーからスーパービジョンを受ける。複数の人からスーパービジョンを最初から終わりまで受けなければならないということが国際精神分析協会の規則になっていますね。

け　検討は三か月に一回位は必要

手束：三か月に一回の検討[※31]。と言えば、春夏秋冬の一つの季節ごとってことですよね。
松井：スーパービジョンを受けているようなケースの場合は、多いのは月に一回ですね。けれども、スーパービジョンを受けていないケースの場合には一年も二年も検討しないことがありますよね。だから、最低三か月に一回くらいは検討した方がいいのではないかと。
手束：そうですね。

※30　**反動形成**：好ましくない内心の衝動が生じることを抑えるために、その反対の態度を取ること。
※31　スーパービジョンやケース検討会などで、指導者と共に事例を検討すること。

松井：検討するケースっていうのは、えてして好みのケースですよね。ややこしいケースの場合は検討するのを嫌がりますよね。あるいはどこかで発表するとかね。それも好みのケースになることが多いんで、こんがらがっているケースはあまり発表しないですよね。こんがらがったケースは検討されないで何年も持っているっていうことがあり得ますね。

手束：スーパービジョンに持ち込むケースでも見てもらいたいので上手く行ったケースを出すことってありますよね。

松井：ありますね。それから説明しやすいケースですね。分かりにくいなってケースを持って行くのがいいんだけれどもね。出しにくいですよね。

手束：説明しづらいケースってありますよね。

松井：ありますよ。平たい言葉で言うと、性に合わないケースですよね。

手束：そういうものほど出した方がいいんですね。特にスーパービジョンには。

ふ　不安定な時には、知性化も役立つ

手束：この言葉でまず思い出すのは、初回とか数回とかやった時に、クライエントの話のあらましを聞いて、持っている問題とか、そのレベルとか、全体的な傾向とかの見当をつけた上で、一応まとめてそれを私はこのように理解しましたと、語って示す、ことですね。

松井：サマライズしてコメントするわけですね。知性化の一つです。

手束：知性化ですね。初めの頃は、どこまで納得されているかはともかくとして、私はあなたの話をこう聞きました、こう受け取りました、こう理解しました、という一つのメッセージを返す意味合いがあるのかなと思うんですね。

松井：そうすると、聞いてもらえたっていうか理解しても

らえたという気がちょっとしますよね。

手束：ええ。

松井：これ年中やりすぎると、知的になりすぎてしまってダメなんですけどね。やっぱり情緒的な体験を伴った知性化でないと、意味がないでよすね。だからやりすぎてはいけないけれども、ちょっと不安定とか不安が強い時なんかはやったほうがいいということです。

手束：ええ。

松井：知性化っていうのはもともと不安を消すための手段で、一種の防衛ですからね。知性化と言うと言語になってしまう。言語がない時代は、行動化していたわけだから、知性化し言語化することによって、怒りも言語で収まるようになってしまって、相手を殺したりしなくなったわけですね。行動化しないで知性化することによって、ある程度穏やかな生活ができるようにはなっていますね。だから言葉そのものが元々知性化ですよね。

手束：言葉そのものが知性化であると……。

松井：うん。

手束：それが防衛だというんですね？　知性化、言語化というのは防衛であると。だから、人間が言葉を覚えて、獲得していくのはそもそも防衛機制だということになりますよね。防衛機制を発達させている。

松井：防衛だけれども、防衛という意味合いをもう飛び越えてしまってて、言語はもう、人間の財産になってしまっていますよね。他の動物にはない独特の財産になってしまっていますね。それだけ防衛が染みついているというか、生活化しているというか。けれどもじゃあ、鳥や他の動物には言語がないかっていうと断言できないですね。言語と言える言語はないと思うんですが、イルカショーとか、見てるとすごいですね。こちらの言っていることや合図を理解する力ってすごいですよね。

手束：イルカショーもそうだけれども、犬を何匹も飼ってほとんど犬と暮らしてるような人もいますよね。犬と一緒に生活をしている。寝る時も犬と一緒。そういう人はこっちの言葉を犬は理解している、とか、それに犬は反応してくれる、とか言いますね。

松井：そういうのもありますけどね。

手束：人間の言語っていうのは、人とのコミュニケーションを超えてる部分もあるような気がしますね。

松井：超えてるっていうと？　例えば？

手束：子どもの頃の全能感がありますよね。お母さんの胸に抱えられて、何でも欲しいものは手に入る。欲求は何でも満たされる。そういう全能感っていうのはきっと必要なんだろうと思うんですけれども、言語っていうのは、そういう小さい頃の全能感に匹敵するような、言葉の自由と言いますか。言語を獲得して、自分が名指しができる。物に名前がある、意味があるということに気づいて、それを自発的に覚えていく。そのあたりっていうのは母親の胸の中で何でも手に入るというのにどこか似ているところがあって、もうそこには直接はないんだけれども、いわば言葉という世界の中で抱えられている。抱えられている中で自分が名指しができて、何かを言葉の形にして伝えることができる。そういう全能感を感じるような時期が、実際あるのではないかという……。

松井：言語がイコール防衛といったら誤りです。防衛的な意味もあるわけですね。けれども文化ですよね。コミュニケーション手段ですからもっともっといっぱいの意味があると思う。ただ、防衛的な意味もあるっていうことで、イコールではないと思う。

手束：カウンセリングや心理療法の中で、そういうふうに、例えば初期の頃に、サマライズコメントをする。やや知的な解釈を、コメントを与える。それは、不安定な人にとってはある種の救いになるっていうことだけれども、それに加えてそういう「言葉の場」ですね、言葉をやりとりできる、自分がそこで何か語ることができる場があるという、その安心感というか、何かここでやっていけるという、そういう感じが持てる人には持てるということですね。

松井：そうですね。そりゃそうですね。

こ　交流がスムースに出来る時は、状態の良い時である

松井：これは逆のことを考えてほしいんですよ。交流が上手く出来ない時に、この人ダメな人だなと思うのではなくて、状態が悪いと思う必要があるんですね。交流が出来ている時はいい状態だから、安心してもいいんです。交流が出来ない時に、この人は交流が下手な人だとかね、不可能な人だというふうに判断してはいけないということを意味しているわけですよね。裏ではね。

手束：はい。そちらのほうが大事ですよね。

松井：裏のほうが大事だと思うんですね。交流がスムースに行かない。理解力がない場合もあるし、こちらの理解が悪いこともあります。しかし、あまりにも不安が強いために一つのことにこだわって言っている場合もあるし、こちら側の質問とは違うことを答えていることもありますよね。不安が強いとか状態が思わしくない時にそういう可能性があるんですね。そういうことを承知しておく必要がある。交流が上手く行ってる時は調子がいい時だと考えたほうがいい。

手束：そもそも交流が困難だとか、交流ができないってことが問題で来られる方も多いですよね。
松井：特に精神障害の方は交流が難しい方が多いですね。
手束：ええ。
松井：統合失調症、自閉症スペクトラムの方なんかは交流が難しいですよね。慣れてない人は、えてしてね。交流の仕方がまずいことで、その人が交流が出来ない人だというふうに判断してしまう可能性があるわけですね。そうではなくて今はちょっと交流どころではないというか、多難な時なんだっていうふうにカウンセラーやセラピストには理解してほしいですね。

え

笑顔が見えた時は、一山越えたと思って良い

手束：笑顔というのは何でしょう。笑顔はそれ自体が交流していることのサインですよね。赤ん坊が微笑するとか母親が微笑を返すとか。そういうこととつながっていると思います。カウンセラーに笑顔を示している時は、持っている問題が緩和して許容できるようになっている、自分自身を少し受け入れるという気持ちになっているということですね。

松井：余裕がなきゃ笑顔は出ませんよ。切羽詰まっていると笑顔なんて絶対出ませんから。笑顔が出てきたらちょっと余裕をもっている、余裕が出たっていうことは一山《ひとやま》越えたって考えていいと思うんです。

手束：定期的に来られる方のその時々の様子ですね、すごく変わりますよね。毎回違う。その中で思わず出て来ている笑顔。

松井：違いますよね。その人の抱えている問題がどの程度解決したかっていうこともあるし、セラピストに対しての感情もあるでしょうしね。いろいろですよね。表情はいろんなことを物語っていますね。

手束：笑顔は貴重なサインですよね。

松井：ちょっと似たようなことだけれども、ジョークが出てきた時はやっぱり上向きになっている時ですね。グループでやっている時に、ジョークが出る時って、その場で問題がない時ですよね。あるいは一段落して、なかなか分かりにくい人がやっと収まったみたいな時、ジョークが出ますね。ちょっと安心した時ですよね。同じようなことだと思います。笑顔はパッシブな感じだけれども、ジョークはアクティブですよね。

手束：笑顔はパッシブでジョークはアクティブ。

松井：グループやっていて思うんですけどね。問題が色々出て来ますよね。例えばAさんの問題が二セッションくらい続いているとしますよね。一度何かでそれが収まった時に、雑談が出ますよね。ジョークではなくて。

手束：雑談。

松井：「河口湖に行ってみたけどすごく水が減っていた」とかね。その場とはあんまり関係のない話題が出ますよね。それはやっぱり一つのサインだと思います。もっと受け身なのがスマイルですね。問題がちょっと片付いたというか、そういう時に出てくるものだと思うんですね。ほっとした時とかね。一生懸命な時は雑談どころではない、雑談している余裕はないですよね。それから鬱の人がね、鬱の人が文句を言うような時。

手束：文句というのは？

松井：セラピストへの文句だとか、自分の会社の社長や上司に対する文句だとかね。文句を滔々と言うようになったらかなり改善されていますよね。

手束：そうですね。

松井：それも改善のサインに含めていいと思う。鬱になってカウンセリングに来た人が、三か月くらいたったら、会社の悪口をめちゃくちゃ言うんですよ。文句を言っても平気になっているということですね、そういう時は。元気になったというか、そういうような一段落した兆しにはいろいろあるんだけれども、その一つとして笑顔は、表情に出てくる、一番パッシブな感じですよね。安定してちょっと収まっているということは確かですよね。

て 適切なコメントは、内容よりタイミングである

手束：論文とか、教科書的なものを読むと、解釈とかコメントというのは、一つの明確な文章になって引用されている。「こういうふうにコメントした」と出て来るし、学会発表でもそうです。でも実際に私が体験しているのは、コメントは確かにするんだけれども、明確な文章というスタイルになる以前に、途中まで述べた段階でクライエントがそれに対して既に反応し、それを補ったり、「いやそうじゃなくて」みたいに、コメントを修正したり、そういうことを結構体験するんですけどね。向こうが補完してくれて、より深めて理解してくれるということがある。そういう時っておそらくタイミングがいいんだろうと思います。

松井：解釈みたいなものがね、頭に浮かんできますね、セラピストにね。浮かんで来た時に、私はちょっと待てよと自分を戒めるんです。今やっていいかどうか。やっぱり「今かな」という時まで待ちますね。それはもしかすると次の機会かもしれない。ただもう浮かんではいるんだけれども、それを投与する時にちょっと考えるというか。自分を戒めるためにちょっとペンディングするというか、ペンディングしてもういっぺん考え直すというか、タイミン

グを測るというかね。そういうことをやるんですけどね。頭に出てきた時にぱっぱっとやってしまうと、タイミングをずらしてしまうことがありますね。

手束：今のお話だと、解釈が浮かんできた時には、すぐには言わないというか、結局全く言わなかったということもありそうですけど。まずタイミングを測るということがあるわけですよね。

松井：つまり、受け入れられない時にやってもムダですよね。ムダどころか相手はセラピストが全然聞いてくれていないっていう感じになりますよね。だからやっぱりクライエントが受け

入れられそうになった時にやらないと。正常な人の教育もそうじゃないですか。スーパービジョンなんかでね、ばーっとやる人いますよね。なんかもうこっちで解釈してしまって、聞いている方は「はあはあ」と聞いているというか。あれはダメですよね。英語でいうと、too early interpretation ですよね。「早すぎる解釈」。精神分析の方法論ではもうこれは無効だということで、いっぱい書いてありますよね。では just というのはいつかというと難しいですね。too early というのは解るけれども、あの、下手すると遅れてしまいますよね。

手束：いつが just なのか

松井：そういうことになってしまいますよね。だからタイミングをよく測らないといけないわけで。私は私の直感で、ここまで来ている時というか、もう本当に意識のところに近いところまで来ている感じがあった時に解釈します。そうすると受け入れられやすいというか。全然そこまで行っていないところで解釈してもほとんど受け付けられないですから。だからうすうす分かりかけているような時が、一番いいタイミングではないでしょうかね。一番分かりやすいのは夢ですね。突然夢の話をすることがありますよね。夢を語る時には、夢の中では既に洞察しているということがある。そういう時は解釈のいいタイミングだと思います。夢を語ってもらうことはありますか？

手束：あります。多いです。

松井：夢の中で出て来ていることは洞察の一歩手前まで来ているということですよね。だからそういう時が一番タイミングとしていいと思います。夢を語ってくれるとね。
手束：夢をどう受けとめるかというのは、それだけで一つのテーマになってしまいますね。
松井：まあユング派なんかは夢分析ばっかりしてますからね。ユンギアンは夢をよく語りますね。患者さんの夢をね。ただね、時々、本当に夢？と思うことがあります。夢の格好をして実は空想を語っているのではないかと思うこともありますね。夢だといいながら夢ではないというか、ファンタジーを語っている。どう考えたって出来過ぎみたいな夢をね、語っていることがあります。そういうこともありますね。
手束：タイミングの問題としたら、夢が出て来た時は…
松井：絶好のチャンス。それから、夢ではなくても、うすうす何か感じているんじゃないかと思える時、そういう時は一番いいタイミングだと思います。まったくその兆しがない時に解釈をくだすのはナンセンスです。
手束：タイミングがすべてだと。
松井：いろんな派の人がね、こういう時どうするかっていうのを、検証した研究のことを前に（の「能動性と受動性を使い分ける」１１９頁に記載あり）お話ししましたね。ユンギアン、フロイディアン、ロジャーリアン……。で、学派によらずベテランほど解釈が少なく、初心者程解釈が多いんですね。それはやっぱりベテランになるとタイミングを測るからだと思います。

手束：タイミングのほうを考えていると。

松井：はい。初心者のほうは頭の中でダイナミクスができたらやってしまうというか。だから初心者のほうが多く語るというかね。

手束：ベテランは時間を見ているわけですね。

松井：見ているでしょうね。だから効果的なわけです。タイミングよくやればすごい効果がある。タイミングを間違うと抵抗を起こしてしまいますよね。「先生はとんでもないことを言っている」というような感じになりますよね。それから、ベテランほどリスニングが多いということですね。傾聴するというか聞くことが多いと。そんな結果が出てましたね。ユング派とフロイト派の差というようなことよりも、何年やっている（経験している）のかということが大きいということが出てましたね。

手束：そのお話は、治療的効果という点ではどの派がというよりは、そのセラピストの経験年数によるところが大きいんだということにもつながっていきますね。そうすると学派で考えるというよりも、対話的な心理療法というか、カウンセリング、精神分析各派、ユング派も含めた、対話を原理とする心理療法のあり方に共通する本質のようなものを考えて行くのがいいのではないかと思いますね。一方で学派によって専門分化していくことは避けられないと思いますが。

松井：そうですね。今の時代は統合の時代ですよね。分析と行動療法も統合されてしまいましたよね。認知行動療法という形でね。だから、何派、という違いは少なくなってきているのではないでしょうか。それよりもやっぱり経験年数とかね。あるいは経験の種類と豊富さみたいなものが生きてくる時代ではないでしょうかね。

あ

諦める時は、新しいものが出来た時である

手束：諦めるから新しいものが出来るのか。新しいものが出来るから諦めることができるのか。どちらが先かみたいな話になるんですが…。

松井：何もなくては諦められないのではないですかね。何か、仮でもいいからね。例えばターミナルケア[※32]の時なんかね、やっぱり何もなかったら諦められないと思いますね。だから、ある種の信仰なりなんなり、そういうものがあって初めて諦められるのであって、何もない時は苦しみ、荒れ狂うんじゃないですかね。だから、私は獲得が先ではないかと思うんです。獲得しないと諦められない。何もない時に諦めるっていうのは禅みたいなものですよね。この頃ね、全然この話とは違うんだけれども、どういうのかなあ、生命というのはね、この頃良く考えるんですよ。自己意識、自我がありますよね。自分のアイデンティティというか。それがね、変わって来つつあるんですよ。私の中で。というのはまあ、年をとって死が近づいてきますよね。誰しも皆死にますよね。この人間としての形はね。けれども何かの形で残りますよね。細胞レベルではなくて分子レベルでね。自分のある部分が何かの形で残って行

くという風に考えると、自己という概念がもっと分解して、分子レベルになって残って行くっていうことになる、もしかすると永久不滅かもしれないというね。そうするとね、自己意識というのがちょっと変わってきたというかね。分子が固まってこうやって人間として一つの個性を持っているわけだけれども、違うんじゃないかってね。何故そんなこと考えたかというと、やっぱり死に対する恐怖ですね。死が近づいて来ることに対して、自分はどうやって死ねるだろうかとか、どうやって死ぬだろうか、死が迫った時にどうなるだろうか、というような事を考える時に、自己意識が、ちょっと変化してきたっていうか。自己という概念もないような、分子レベルの物が存在して、それが、自己という、私という世界の中にいっ

※32　**ターミナルケア**：死に行く人のケア、看取り。

ぱい存在していて、物質が存在しているけれども、（それを構成している）その一つ一つが生き残って行くだろうと、考えているんですよね。そう考えることで、死の恐怖っていうのが若干減ってくるという、そんなことを自分の頭の中で考えているんですね。私は無宗教だから、死の世界、死後の世界なんかは全然信じないわけです。自爆テロやっている人っていうのは信じていますよね。神を信じて、永遠の生を信じることができる人はそれでいいと思っているんでしょうが、私なんかは信仰がないから、死後の世界なんていうのは信じないしありえない。だから今の一個の人間としての私は完全に終わる。でも次に今度は物質として、何なのかは分からないけれど、何かこう続いていくっていうかね。そう考えると、生命っていうのはある意味永遠なのかな。ただし、人間としての個は終わってしまう。それが分解して、解散していろんな形になっていくだろうっていうね。

手束：解散する。

松井：はい。例えば松井が日本だとすると、これが分解してね、山梨県とか三重県になって、その後市町村になっていくみたいなね。市町村になったからといって日本が無くなったわけではなくて、日本は存在するけれども、バラバラになったというようなね。だから、生物学的な生命というか生物学的な存在というのを考えた時に、ちょっと死に対する恐怖が減少しましたね。

手束：空想の域を出ないんですが、われわれは今まで亡くなった方々の、土の上で生きているというか、お亡くなりになった方が、今生きている人口よりもさらに沢山いるわけで、その方々が分解してバラバラになったものが土の中、空気の中、あるいは海とか山にはたくさんあってですね、その上で我々が生かされているっていうことですね。

松井：そういうことですね。だから我々は無にならないわけです。無になりえないわけですよね。焼いても無にならないわけですよね。焼いても物質として残って行くわけですからね。

手束：自己の存在感覚を基準に考える限りは、死によって自己は無くなる、そもそも自己は無い所から出てきた（誕生した）と。目の前の対象というのは、ある意味気晴らしをしているだけであって、いずれそれもなくなるわけです。その無い状態が本来なんだと、ハイデッガーの哲学はそういうことを言っているわけですね。けれども、それは、さっきおっしゃっていた視点からするとまだもう一個先がある。

松井：そうですね。

手束：無自体が沢山の分子から成っているというか、何かで満たされているんでしょうか。

松井：考えてみるとね、宇宙が誕生したって今盛んに論議されていますね。いつ宇宙が誕生したとかね。時間も空間もなかったんだけれども、そこからどんなふうにして宇宙が誕生して出来たのかと。そういう研究がなされていますよね。一番最初の物質がどうのこうのとね。

我々が、ある、なし、有無って言う時はね、目に見えるものが有ると言っていますよね。目に見えないものは無いといってますよね。ただそういう風に簡便に言っているだけであって、無いということは存在しない、じゃないわけですよね。無というのはないわけですよね。変化はするけれども、あるいは細分化はしていくかもしれないけれども、存在はしているわけですよね。よくほらあの、海に撒いてくれと言う人がいますよね。骨をね。

手束：あれはどうでしょうか。何かそういうことでお考えあります？

松井：いや。

手束：それはどっちでも同じ…。

松井：同じですね。海の生物になるかもしれないし、何か他のものになるかもしれない、それは勝手ですね。それぞれが最後ではなくて、物質が、考えるわけでもなく、自然に集まって、茄子になるかキュウリになるかトマトになるか分からない、とにかく茄子かキュウリかトマトになることもあるわけですよね。

手束：無からの創造とか、いろんな理屈がありますよね。無から創る、全ては神が創ったんだという考え自体が人間が考えること、そういう気がしますね。

松井：ただ宗教っていうのは神にしろ仏にしろ、不滅ですよね。不滅なものをこしらえることで自分が不滅だと感じるというね。そういうのが宗教だと思うんです。だから私みたいに宗教を信じない人にとっては、だめですね、神も仏もないわけだから。だから物質に還元されるしかない。

手束：そういう考えで諦めることにしますか…

松井：あの、話は別ですけど、よく、坊さんとか、偉い人が「悟る」っていうでしょう？ 悟りってどう思います？ 何ですかね？

手束：先ほど、禅は獲得することなしに諦めるという状態なんだと……

松井：私がさっき説明した、私の今の感覚ですね。悟りかなと思うんですね。一種の悟りかと。自分が何かに変わっていくというかね。酸素、炭素、窒素になっていくかもしれない。で、分子が残って行くだろうと。そう考えると、ある種の悟りなのかなと。我々はどこまでも、一つの人間としての存在そのものしか考えないから、そこで考えると、何か怖いというか、不安というかね。個がなくなることに対して不安があって、でも物質は消えないというように考えると、不滅なんだなという感じがする。手束さんはまだ若いからあまり考えないけど、私ぐらいになると、毎日のように死を考えますよね。どういうふうに死ぬんだろうかと。もし（死を）宣告されたら狂ってしまうんじゃないかとか、どうなるんだろうかと考えますね。ほとんど毎夜寝る時に、このまま覚めなかったらどうなるんだろうかと考えますね。やっぱり自然なんでしょうね。近づいて来たことを考えるというのは。

手束：私にとっては、これも空想の域を出ないんですけれども、死は大きな変化のポイントですね。自分が解体していく、物質になっていく。生まれるのと同じくらい。

松井：そうですね。だからフロイトは「死の本能[※33]」と言いました。つくづく思うんだけれども、「死の本能」と「生の本能」ですか、あの死の本能論は私はすごくピンときます。やっぱり物質に還元されていく本能があるんだというね。土に還って行くというか、そういう本能があるんだっていうね。あの考え方は本質的な気がしますね。やっぱりフロイトはそこに行っていたのではないかと思うんです。解体していくことに対する本能というね。そういうものもあると。多くの人は生きる本能しか言っていないわけですよね。「死の本能」っていうのはフロイトが初めてですよね。その前の人は言ってないですよね。

手束：それはフロイト自身が自分の死に直面していたってことなんでしょうか。

松井：でしょうねえ。あの人って十何回か手術していますよね。上顎癌ですか。やっぱり何回も死に直面して、生まれたのではないでしょうかね、あの「死の本能」っていうのはね。

さ　先行きが不安な時は、一緒に歩いてみる

手束：「一緒に歩いてみる」という表現をされていますが、つまり、不安な時、先行きが不安な時は、むしろその時こそよく聞いてあげるというか、聞くことを続けてあげる。
松井：そういうことです。
手束：どうなっているか分かんないけれども、とにかく続ける。
松井：一緒に歩くという表現してますけれども、そういうことですね。
手束：ええ。

※33　**死の本能**：フロイトが『快楽原則の彼岸』（一九二四）で提唱した概念。生物には、子孫を残していこうとする生の本能（エロス）と、生まれる前の物質的状態に戻ろうとする死の本能（タナトス）とがあるとした。

き 気が乗らない時は、逆転移かもしれない

松井：何としても嫌な時ってありますよね。（ある特定のクライエントが）また来たかってね、やめればいいのに、って感じてしまうことありますよね。だいたい逆転移だと思いますけれどもね………、ありますよね？　そういう時。

手束：あります。

松井：来て欲しくない時。

手束：気が乗らないケースがあります。

松井：何ともどうも、「また来たか」、という。私はね、忘れることがあるんですね、そういう人のこと。

手束：はい？　忘れる。面接の予定を？　そういう、どうにも気が乗らない人のことを……、でもそれがある時からだいぶ、こちらの気の乗らなさが緩和されてくるってことがありますね。

松井：あります。

手束：それは、結局相手の理解ができてきたということのような気がしますが。
松井：そうですね。だから改善の方向に向いていけばいいですよね。ただ、そういうこともなくて、あの、悪くなっているわけではないんだけれども、何となく（その人が）来るのが嫌だというね。相性が悪いみたいな。よく考えるとね、柔らかく攻撃している人ですね。
手束：柔らかく、何です？
松井：攻撃している人。
手束：攻撃している人。
松井：アグレッションをこちらは感じているわけです。先生にお世話になってとても助かっています、とか、先生にお会いしたことは本当に運が良かったです、ってことを言っているんだけれども、感謝の言葉を言っているんだけれども何か嘘くさいというかね。何だこいつはっていうような。そういうことが起こっている。これは逆転移ですよね。ソフトな攻撃っていうか。一見感謝しているような中にある刺《とげ》というか、そういうものを感じた時に逆転移を起こす。そういうのないですか？　柔らかくこちらを攻撃しているような。
手束：そのアグレッションの由来が今ひとつ分からないと、そういう状況の中でこちらもアグレッションに反応しているということになりますよね。
松井：アグレッションの由来が分かっていてもなるんじゃないでしょうか。

手束：ああ、分かっていても。

松井：ストレートに言ってくれればいいのに、こちらには、おだてるようなほめるような、感謝しているような言葉でチクチクやって来るような感じですね。そうですね、転移だと思うんです。だからおそらくその人は怒りの対象に対して文句を言えない人だと思うんです。例えば父親に対して（文句を）言えなくて、従ってしまっている。はいはい、と言っているというかね。けれどもいろんなところにこう刺が出ている。本人はあまり気づいていないんだけれども、刺は出ている。そういうのをこちらが感じた時に「何だ」っていう感じですよね。

手束：アグレッションという、そのものの形ででなくて、何か非常にこう…

松井：親切な…

手束：親切だったり、慎ましかったり、そうですね。非常に抑制的に…

松井：思いやりのような感じで、

手束：思いやりのような形で出てくる……。

松井：決して反抗できないような人の、ソフトなレジスタンスってありますよね。レジスタンスと考えられないようなレジスタンスですよね。そういうものに対して何か気が乗らないという形で出てくる逆転移があるってことですね。全て逆転移ではないけれども、逆転移があるから注意したほうがいいということ。

手束：逆転移と気づかずに、そうした感情に支配され、とらわれてしまうということですね。

松井：逆転移だと思えば軽くなりますよ。その感情は消えますよね。自分の感情ですからね。逆転移しているなと思ったらかなり柔らかくなります。

手束：ソフトなレジスタンス、ソフトなアグレッションの転移の場合は、こちらの逆転移も、ソフトな気づきにくい逆転移っていうことになるわけですよね。

松井：そうそう、その辺を逆転移と自覚することによって、こちらの感情が後で消えるというね。そうするとまともに聞くことができるようになる。そういうことですね。

ゆ 夢を語る時は、治療者への強いメッセージと考えて良い

手束：夢の報告は、面接の前日の夜の夢とか、あるいは前回面接をやったその日の夜の夢が多いですね。

松井：多いですね。夢を語るけれども、夢を語るという形で（自分のことを）語っているわけです。夢だから関係ないように思えるわけだけれども関係深いわけですよね。夢というのはほとんど無意識ですからね。無意識なものと意識的なものがこんがらがって一緒になってしまっているわけですから。昨日会った人と昔のことが一緒になってしまっているわけですから、いわゆる自己洞察にかなり近いものですよね。だから内面の重要なことが夢の中に出て来ている。そのことをこちらに伝えたいわけですよね。夢の中に出て来ている自分の心性を、こちらに理解させたいと、そういう時に語るんじゃないですかね。だからといって全部を語るわけではないですよね。本人が語りたいものだけしか語らないですからね。夢を語るようにいくら言っておいても全部語るわけではない。だからメッセージとして考えたほうがいいですね。

手束：語ることのできる夢というのは、ある意味その夢を反芻《はんすう》してますよね。
松井：そうですね。
手束：反復して、そこに何らかの意味を本人が既に認めて…
松井：いるわけですね。
手束：それを反芻して、言葉に変えて記録するなりなんなりして、それをまたセラピストのところに行ってまた語るという。既にその中にクライエント自身の理解が潜んでいるんですよね。既に言葉に近い。
松井：ただ意味を分かっていないことはいっぱいあります。けれども何か伝えたいんですよね。うすうす感じているんだけれどもはっきりしていない。そういうことを伝えて理解して欲しいと。

手東：夢を語るというのは何かを伝えたいということ……。

松井：はっきりと本人が分かっていないけれども、無意識的なことがここまで来ているというね。うすうす感じているよっていう時に語るのではないでしょうかね。分かって欲しいというか。

手東：ええ、そうですね。

松井：夢の意味がはっきりとしている時は語らないのではないでしょうかね。無意識的なもの、自分の中にあるようなことを表現しているという感じはあるけれども、何かはっきりしないという時に語るのではないでしょうかね。語って理解してほしいというか。夢を語るということは重要なことですね。

め　面と向かうのが苦手な人には構造を配慮する

手東：対面が苦手な人には構造[※34]を配慮する。九〇度対面にするとか。

松井：背面とかね。そうせざるを得ないですね。けれども、構造が決まっているからなかなか変えるわけにはいかないですね。

手束：背面。

松井：はい。寝椅子の背を立てて後ろ向きでっていうこともありますね。けれどもカウンセリングの場合は普通対面 face to face ですね。分析以外の時は対面ですよね。

手束：その構造、座る位置によってかなり違いがある。以前にも話題になったことがあると思うのですが、九〇度対面だと相手を見ない時間を作れますよね。そうすると、沈黙が増えるとか。黙って考える時間とか。

松井：沈黙はむしろ減るんじゃないでしょうか。

手束：うーん。※35

松井：対面することが苦手な人は余計喋るようになる。

手束：寝椅子だと、自分に向かうという面があって自由に沈黙出来るというか。そういう要素もある。

※34　**構造**：面接の時間や場所の設定。ここでは治療者とクライエントが座る際の位置関係。

※35　編者の経験では、九〇度でも距離がある場合には、寝椅子に近くなり沈黙が増える。

松井：ありますね。

手束：寝椅子の場合は、自分が喋らないといけないというのが同時にありますよね。対面だと何か相手が喋ってくれるんじゃないかって、相手の言葉を待つという姿勢も起こってくるけれども。

松井：まあ、これはやりやすいようにしてあげるってだけのことなんですけれどもね。

手束：話しやすいようにしてあげる。そのことと、寝椅子がいいのか、九〇度がいいのかって設定の問題とは別だってことですね。

松井：別です。寝椅子はかなり抵抗を呼びますからね。背面でやること以上に、寝椅子でやることの意味ってすごく大きいと思いますね。横になるっていうのはある意味不平等ですよね。セラピストに対して、普通だったら失礼な態度ですよ。わざわざ失礼なかっこうをしているわけですね。だから余計な緊張を生むわけですね。寝椅子の場合は話しやすくなるんではなくて、話しにくくなる。ただ、語らなきゃならんっていうのがあるから語りますけれどもね。どうしたらいいのか分からない、何を言ったらいいのか分からないということが多いです。起きていいですか？と言われることも結構ありますね。寝椅子は独特です。

手束：可能な人には、話しやすくするようにすることとは逆なことをやるということですね。

松井：そうです。セラピストを後ろに置いて寝ているわけですからね。攻撃されれば一発ですよね。私は攻撃しませんってね、お手上げしているような状態ですね。
手束：寝椅子を使うのは、不安や緊張、それに対する防衛をそのまま出すってことですね。
松井：そういう不安の時にどうするのか、どういうことを語るのかっていうのがよく出てきますよね。むしろ、あえてそういう不安に陥れるような構造だと思いますね。それから全部、セラピストに身を任せる構造でもありますよね。攻撃できないですよね。寝てしまっているわけですからね。

み　見かけは多くのことを教えてくれるが、誤解のおそれもある

松井：服装とか顔とか表情とか、多くのことを教えてくれますよね。けれども、そればっかりに頼っていると間違うことがある。
手束：ええ。
松井：ただ見るだけではなくって、聞くっていうのも大切ですよね。それと感じるということですね。「見る、聞く、感じる」ってことがすごく大切なんですね。見かけだけで判断してしまうとね。

手束：聞くってことは声を聞くってこと。言葉ですね。

松井：見て聞いて感じることがアセスメントを裏付ける。「見る、聞く」はよく言われていることなんだけれども、私が追加したのは「感じる」ということですね。「見る、聞く」だけではなく「感じる」ことが大切なんだと。見て判断すると色んなことが見えてくるけれども誤解もあるから確かめなければだめだってことです。

手束：感じるというのは、体で感じるということですか？

松井：体っていうことよりも脳でしょうね。なんとなくこう嫌な感じとか、なんとなく変な感じだとかありますよね。何とも表現しようがないというか。直感的な何とも言えない感じ、表現しにくい感じがあるわけですよね。アセスメントとかカウンセリングでは、そんな何とも言えない感じ、表現しにくいようなことが沢山あるんですよね。それを、見て聞くだけではなくてその上に感じ取

るということが大切だってことですね。「見る、聞く」は大切だけれども、「感じる」ということは私しか言っていなくって。見る聞く感じるで三拍子にしたんですね。（か「考えてわかることもあるが、直感的にわかることも多い」79頁参照）

手束：見かけでの判断が誤解だったということに気づくのは一つには言葉ですよね。話を聞くことによって誤解だったなって。最初の印象が変わるというか

松井：見かけで大体のところで分かってしまうから、誤解してしまう可能性がある。

手束：最初に来られた時の服装だとか見た目の印象にはインパクトがあるけれども。それで誤ることは確かにありますよね。話を聞いて行くうちに予測が裏切られていくというか。そう思っていたけれども違ったってことが。

松井：例えば、私こんな格好していますけど（短パンとTシャツ）。こういう格好でカウンセリングはまずいですよね。手束さんだから安心して来ているけれども。ちゃんとシャツ着ていないとね。自宅（の二階の研究所）だからね、ついついそのままの格好で（面接室に）来てしまうこともあるんですけれどもね。向こうが何だこいつはって思うことがあると思うのですね。服装でね。二、三年前ですかね。（階下の）家にいてスタッフに呼ばれたんですけど、追い返されたんですよね。その格好ではだめだと。背広着て来いと（笑）。向こうはちゃんとしてきますからね。こっちがこんな格好ではまずいわけです。

し　静かに耳を傾けるのが基本姿勢である

松井：これはカウンセリングの基本なんじゃないでしょうかね。特に説明いらないですね。

手束：ええ、そうですね。話をよく聞くことが基本だということは、よく言われますが、先生は「耳を傾けること」と表現される。「耳を傾ける」ということの中には、目の前にいるクライエントを「見る」ことや、その存在を「感じる」ことが含まれていると思いますね。「話を聞く」というよりは「クライエントを聞く」ことなんだろうと。聞くことの中で、その人が醸し出す何とも表現できないものが動いていくのを感じ取っていくということ……。

松井：そうですね。

ひ

悲哀には黙って寄り添うしかない

松井：悲哀に関する話はこちらも反応したくなることがありますよね。例えば、親しい人が急に死んだとか、親が亡くなったとか、そういう時に慰めたりしたくなる、あるいは（感情を）修正したり介入したくなったりする、でもそれはちょっとストップした方が良い。これもカウンセリングの基本だと思うんですよね。

手束：こちらは言葉を失いますよね。悲惨な話とか悲しい話は。

松井：むしろ言葉を失った方がいいと思いますよ。けれども普通は何か言いたくなってしまう。

手束：こちらが言葉を失ってしまうことに対する焦りが出てきて、何かを言わなければいけない、慰めなければいけないと思ってしまう。

松井：思ってしまいますね。

手束：ちょっと別の視点からを見ることを誘ったりしがちですがそうではないということ…

松井：しばらくしてから感想を述べるとか共感するとか、それは構わないと思うんですけどね。話を聞いて直ちにそうしたくなってしまうことがあるから、それに対する警戒ですよね。

手束：話が停滞し、こっちが落ち込むことを避けたくなってしまう。

松井：例えば父親が八十歳で亡くなったとしますよね、突然だったから何が何だかさっぱり分からないということで、子どもが落ち込んでいるとしますよね。その時にうっかりと八〇歳だったらまあ長生きの方なんではないですかねとか、そういうことを言ってしまうのが悪いですよね。感情を修正しようとする。そんな悲しむ必要がないんではないかって。そういうことをやってはまずい、言葉を止めるようなことをやってはいけないということですね。

手束：悲哀は随分と経ってから出てくることもありますよね。あるポイントで出るようになる。感情が自由に表現できるようになり、その時からモーニングワーク（「喪の仕事」注8参照）が始まるというか。

松井：悲哀が防衛されてしまっていてね。別の話になってしまっている。それを追っていくと、悲哀につながっていて、悲哀が防衛されて出てきている症状だったということがありますよね。何か月か経ってから出てくる。出てきたことはいいことですよね。やっぱり黙って聞いていた方がいいということですね。

も　モーニングワークは簡単ではない

手束：何かを失ったことに直面するまでには時間がかかる。モーニングが始まってもしばしばはぐらかされるというか、カウンセラーの方も大変さに寄り添うというエネルギーが足りなくて別のことに話を持って行くということがありますね。

松井：今、エネルギーとおっしゃったんだけれどもね、確かに、寄り添う事自体にエネルギーがいるんですよね。そのためにはパッと反応したい気持ちを我慢しなければならない。溜めていると、じわじわっとこっちに悲哀感が出てくるというか。その、蓄えておくってこと自体にエネルギーが必要ですよね。

手束：寄り添うってことにエネルギーがいるんですよね。そのことが、若い人には、あるいはセンスの乏しい人には非常に理解しづらいことですよね。寄り添うって言葉で言ってもそれがどういうことを意味しているのか、どういう感触を言っているのか伝わらない…。

松井：寄り添うってことがどういうことなのかってことが。

手束：はい。モーニングワークに寄り添うことよりも、若い人の中には、何かを助言したり、気持ちを持ち上げたり認知の歪みを修正したり、何かをすることでクライエントの変化を促していく。そういう何かをしなければいけないと思っている人も多い。寄り添うということは何をすることなのかわからない。消極的に見える…と。

松井：怠慢だと。

手束：いつまで時間がかかるのか分からないとか。効率が良くないんではないかみたいな話になりやすい。

松井：教育の時ですね。若い人に対してですね。

手束：ええ、そうです。

せ
急いては事をし損じる

松井：これはもう、格言にあるくらいですから。
手束：ええ。まあ何にでも通用しますが。
松井：特にカウンセリングでは「急いてはことをし損じる」っていうことは大事なんじゃないかと思うんです。ゆっくり聞くっていうか。結論をすぐ出して、こうしたら良いとか言ってアドバイスするわけではないから。でもアドバイスしなければいけないと思っている人がいるんでね。だから、もう初回で既にね、アドバイスしてしまって。ああだこうだと。まあ、一回しか来れない人には言いますけれどもね。そういう人の場合は仕方がないんですけれど。このことわざは、カウンセリングには特に重要なような気がします。
手束：ええ。このことわざは元々はむしろ、戦争とか、そっちの方から来ているんですかね。
松井：何でしょうかね。戦争ではないんじゃないですか。戦争に関することわざで言えば、「彼を知り己を知れば、百戦して殆《あや》うからず」というのがありますね。これは中国ですよね。

中国の、あの戦術書、何て言いましたっけあれ。武田信玄が読んで使った本で、有名な中国の戦略の本がありますね。

手束：ちょっとあやふやな覚えしかないけれども、『孫子』※36でしょうか？

松井：確かそれが「彼を知り己を知れば、百戦して殆うからず」という。それは確かに戦《いくさ》のことだと思うんですよね。「急いては事をし損じる」は戦にもつながるかもしれないけれども、もっと違うことではないですかね。政《まつりごと》みたいなことに関連しているのではないですかね。政策の実施を急ぐと失敗するというような。

手束：「彼を知り己を知れば、百戦して殆うからず」っていう方も、カウンセリングにも通じるかもしれない。

松井：そうですね。相手を知ることは出来るけれども、己を知ることは難しいですよね。戦で言うと、己を知るっていうことは己の弱点を知るっていうことですよね。ここ攻められたらダメとか、こうやられたら困るとか。そこの防御を固めなきゃならないってこと。だから己を知るってことは己の非を知るってこと。己の弱いところ、弱点を知るってことですよね。同じように敵の弱点を知るっていうこと。武田信玄がね、静岡出身の山本勘助を軍師みたいにして使っていますね。あの人は軍師としてかなりうまかったんですね。うまいっていうか勝ってきているんですね。けれども、川中島の合戦で失敗しているんです。彼が策を練って、敵はここに来るはずだから、ここにいて待ち構えていればいいって言った。でも上杉勢はそこを避けて中央に来てしまった。勘助の裏をかいたわけですね。そのため勘助は、向こうの本隊が実際に来た所に行って戦死したんですよね。それでも何とか武田勢が押し止めているうちに、そっちに敵が来るはずと思って行っていた（武田勢の）自軍が戻ってきて。で、押し返して勝負なしですよね。それまでに勘助は二回自分のやり方で勝っているわけですよ。それで川中島の合戦では、上杉方は勘助がやりそうな戦略の裏をとった、読んだんですよね。それで一時的に上杉謙信が勝ったんです。そういうことがあったんですよね。だから、ああいうふうに三回も同じ戦争すると、分かりますよね。敵を知り己を知るって言うと。だからあれはすごいと思うんです。

手束：カウンセリングや心理療法では自分の弱点を知る、自己を知るっていうのは、教育分析とか個人分析という形で与えられるというけれど、それについては何かお考えがありますか？

松井：教育分析もありますよね、確かに。でも、一番良いのは失敗するっていうことですよ

※36　『孫子』：中国春秋時代（紀元前四～五世紀）の兵法書。

ね。失敗すると分かりますっていうのは、(教育分析は) いらんっていうことですね。教育分析をやってそれが身に付くことも無いわけじゃ無いでしょうけれども。一番良いのはやっぱり失敗。

手束：失敗すること。

松井：失敗が一番致命的ですよね。

手束：致命的……。

松井：堪《こた》えますよね。

手束：堪えないといけないですね。

松井：失敗は鮮明に覚えていますからね。やっぱり失敗が一番効果的なのではないでしょうか。

す

すらすらと語ることは解決済みのことである

松井：逆に言うと、とつとつと語ることは問題なこと、未解決なことですよね。で、すらすらと語る時はもう終わっていることというか、もう済んだことというか、本人の中ではもう解決、自分で解決してしまっているというか。精神分析をやる時、自由連想をやるとすごくはっきりするんですけれどね。自由連想をやると、全然詰まらないですらすら語っている時って、もう（問題が）終わった時ですよね。カウンセリングだとそういうことはちょっとはっきりしないですけれどね。何だかつながらないようなこと言っている時の方が本当のことを話している。それがさらっと物語みたいになった時っていうのは、一応クリアした時だって考え方がありますね。そういうものではないですかね。

手束：そのことでいえば、逆にとつとつと語ってくださいということになりますよね。

松井：そうですね。何か論理的にはつながらないとか、何か突拍子もなく違うことがぱっと出てくるとか。そういう時の方が真実に迫っているというか。それが繋がっていった時に初めて解決するというかね。

手束：クライエントの方から、話が急に変わって申し訳ないんですけど、というようなことを言われることがあるけれども、話が急に変わってくれた方がむしろ理解しやすいですよね。

松井：自由連想をやっているとね、繰り返し繰り返し同じことを語る人がいます。いかにも外傷体験（トラウマ）のようなことを語る人がいます。けれどもそれは外傷体験ではないです。繰り返し語っていることって、フロイトの言葉を使えばスクリーンメモリ screen memory です。本当のことを隠すために出る記憶、スクリーンメモリ。

手束：スクリーンですか？

松井：隠す。カーテンですね。隠すためのメモリというか。だから、同じことを何回も何回も語っている時は、それが外傷体験のように聞こえますけど、それは隠すためであって、その背後にもっと違うものがある。自由連想をやっているとそういうのがありますね。何回も何回も、何十回も同じことを語る人。

付録　西洋的なものと日本的なもの

松井：西洋と日本では、離れることが良いことだ、という西洋の考え方に対して、そうではなくて一体化していることのほうが価値を持つ、という東洋の感じ方という、基本的な違いがあると思うんです。いろんな言葉で語られているんだけれども、離れることをよしとする文化と、よしとしない文化の違いが根底にあるような気がするんですね。日本では一族一緒がいいとかね、離れることを決していいとは言わないですよね。西洋の場合は一人になることをよしとする、東洋の人が一定の歳になったら離れることをよしとするかという決してそうではない。だからわれわれは民族意識が強いのに対して西洋は個人という意識が強い、哲学そのものがそうなっている、価値付けているというかね、そういう気がしますけどね。

手東：日本の家ですね。明治になって民法ができてヨーロッパを意識して国の体系を作っていくわけですね。その時に、家族は夫婦を基本とするというところはヨーロッパと同じなんだけれども、日本の場合は、長男の親がそこに入っているんですね、家父長がいて家督を長男に譲るとされ、その権限が決められている。日本の場合に、（子どもから見れば）お祖父さんお祖母さんがそこに入っている。高齢になっても一緒。家族、兄弟含めて一族全体としてあちら（死の彼方）のほうへと動いていくという、そこの考え方が、ヨーロッパの家の考え方と違うみたいですね。だから施設の意味合いも違ってくるのではないでしょうか。

松井：ヨーロッパの人は、日本人とか黒人のありかたを未発達と思いやすいんですね。国がまだ分化されていないからそうなるんだ、発達すれば西洋的になるんだというふうに。これは偏見だと思うんですよね。決してそうではないと思うんです。どこまでいっても違うんです。私はこれは狩猟民族と農耕民族の違いだという気がする。狩猟民族は生産が個人の力ですよね、狩猟がうまい人が家族を養えるけれども、そうでない人は養えない。で農耕民族というのは集団ですよね、一人ではできない、集団で結びつくことによって始めて（生産が）可能になってくるというか、集団で生産して集団が生きていくというか、そこに大きな違いがあると思うんですよね。だから、やがて成長すればこうなるとか、発展すればこうなるとかね、近代化と言っているけれども、それはヨーロッパから見た近代化なんで、どこまで行っても近代化しないと思うんですよ、どこまで行ってもね。その辺をヨーロッパの人は意識していないというか、成長すればこっちに近づいてくると思ってしまう。そこがヨーロッパ人の東南アジアや有色人種に対するある種の偏見だと思うんですけれどもね。だからやっぱり「甘え」という概念なんかは、欧米の人には分かりにくいんではないかと思います、dependency という言葉で一括されるものではない、分かりにくいですよね。その辺歴史的な、進化的な意味の違いがかなり基本にあるのではないかという気がするんですよね。

手束：甘えという言葉には内包するものがたくさんありますよね。ひょっとすると言葉そのもののあり方にも違いがあるのかもしれない。

松井：日本は明治維新以降、西洋化しましたよね、その前は中国・朝鮮から、中国大陸から渡って来た文化が主なんだろうけれど、東洋文化が中心であったものが西洋化しましたよね。西洋化したところでおかしくなってきたというか、日本人は葛藤が強くなってきて、西洋的な今のような個人主義的な文化を入れたんだけれども、体質は東洋的なものだから、そのギャップが日本人の葛藤として、民族が内包する葛藤としてあり続けているような気がしますね。第二次大戦までは、西洋のものを入れたけれども、やっていることは日本的だった。それが第二次大戦以後は全然違ってきていますよね、西洋のものになろうとしていますよね、明治以来、日本人は、「大和魂」が西洋のものを利用するという形でやってきています。でも第二次大戦以降は、西洋人になろうとしていますよね。日本人の大きな時代的な葛藤が起こってきているような気がするんですけれどもね、どうでしょうかね。

手束：日本人は戦後は「大和魂」ではなくて西洋の魂になろうとしていると。

松井：そうですね。戦前は「大和魂」が西洋のものを利用していた。だからあちこちアジア各地に出て行ってやったんだけれども、やっていることは日本的なんですよね。けれども、もう戦後はまったく、育児から何から、西洋のものがいいものだ、みたいな感じで西洋的に育ってきている。でも建前と本来のものとのギャップがあるものだから、今そこにいろんな問題が起こってきている。今の日本人の問題というのは、西洋文化と日本人が元々持っている体質との間の齟齬《そご》というか、それが様々な社会的な問題を起こしている気がしますね。

手束：日本人が本来持っている、古くからつながって今も持っているもの、それを言葉で表現するのは難しい気がするんですけど、「大和魂」はいったん終わってしまったんでしょうか。

松井：終わってないですね（笑）。オリンピックなんか見ていても分かるじゃないですか。だから今はね、まだまだ西洋の洋服を着て炭坑節を踊っているという感じですよね（笑）。そういういびつな感じがありますね。学問がほとんど西洋学でしょ。大学で教えている学問がほとんど西洋学ですが、学んでいる連中は東洋人ですよね、そこがおもしろいというか、西洋化することが進化であって近代化であってそれで幸せになるんだとアメリカ人は真剣に思っていますよね。日本は西洋化したからいい国になったんだという、そういう捉え方ですよね。韓国や北朝鮮、インドや中東は西洋化していないから未発達なんだ、進めば西洋化するんだと。科学技術が発達したのはその通りですが、西洋化したことで幸せになったかというと、とても大きな疑問があるんですよね。

手束：西洋の人も、近代化の果てに個々人は分離して孤立して、結婚しても半分は離婚する。婚外の結びつきで一緒になったり離れたり、子育ても別れた人間が交替でみていく、そんな形でいて少しも幸せそうではない。落ち着いた感じが持てなくてむしろ日本人の一体感が強いところに逆に惹かれるようなところがありそうですね。でも、それじゃあ日本人が持っている、今も残っている何かというのは何なんだろう。今もＡＫＢだとか、女の子たちが踊っていますよね。あれなんかも一見洋風というか髪を染めて、肌を露出してやっているけれども、でもあれは要するに応援団じゃないのかとか、あるいは盆踊りをああいう格好してやっているのではないのかという感じがしますね

松井：西洋の人の中にもそういうの（日本人的なもの）を求める人がいるということですね。進めばこうなるという仮説がまちがっていると思うんですよ。近代化すれば変わってくる、人間はもっと幸せになるんだという仮説ですね。でも西洋化することで不幸になることがいっぱいありますよね。そういう食い違いが今世界にたくさんあると思うんですよね。イスラムとアメリカの争いなんていうのはどこまでいっても収まらない。イスラムが東洋的なものを代表していると思うんですよね。イスラムはむしろ過去に戻りたいわけですね。西洋化からもっと東洋化したい。それが反米みたいな形、デモクラシーを否定するという形になって、悲劇的な感じですね。どこまでいっても収まらないというか、どうなるんでしょうかね。私

個人のことを考えてみても、精神分析を初めとして西洋のものをいっぱい取り入れていますけどね。けれどもやっぱり東洋人として生きているような気がするんですよ。だから何とも言えない、何と表現したらいいか分からないけれども東洋人的なものを持っているんですね。大学で講義している時なんかは西洋的なものをやりながら、何か物足りないというか、自分じゃないみたいな感じがいつもつきまとうんですよね。何か借り物を話しているのではないかというようなね。

手束：先生は、講演などでも言葉遊びをお使いになりますよね。それって西洋的ではないですよね（笑）。ヨーロッパ的には主題があってそれをこう論理的に展開して結論があるみたいな、それが原形だと思うのですが、先生のはそこを念頭に置いてはいるんだけれども…

松井：だから私は遊びとしてやっているんですよ。遊びとして日本的なことやっているんですよ。けれども講義する時はカルタはやらないですよ、やっぱりフロイトとかウィニコットとかということで論理的にやっていますよね。始めがあって中があって結論がある。けれども五七五とかはやらない。それは遊びとしてやっていますよね。遊びが東洋的日本人的であって仕事は西洋的だというか、いつも私の中で矛盾があるんですよね、矛盾があるんだけれどもそれをよしとして、その矛盾の中で生きているのが日本人だろうと思ってアイデンティティを持っていますけれどもね。けれども苦しむ人もいるでしょう。おそらくね。ギャップをどうしようもなくてね。私はギャップがあるのが当たり前みたいに思っているんで、平気で五七五作ったりしていますけどね。

手束：ギャップはあるんだけれどもギャップを自覚しながらギャップを遊んでいるような、ギャップをひとつの余裕にして遊んでいるようなそういう感じです。

松井：そうですね。

手束：それがカウンセリングとか心理療法のあり方にもつながってくるのかもしれないですね。ルールとか、病理を見極めるという理性的論理的部分と、クライエントを処遇する時のクライエントとの距離感とか応接の間合いとか、（解釈の）間合いですね、そのあたりはひょっとしたらすごく日本的なのかもしれないし。

松井：そのギャップをうまく埋めることができている人は適応的ですね。けれども埋められない人もいますよね。どっちかにならないとどうしようもない人もいますよね。埋めることができているのが健康な日本人だと思うんですよね。

手東：間合いをどう取るかは、日本人ならではの特徴的なものがあるという気がしますね。

松井：間が日本の特徴みたいなことってよく言いますよね。精神科医で神戸大の教授をやっていた中井先生[※37]なんかは強調していますよね。

手東：中井先生の書かれたものは文章自体がポエティックですしね。

松井：亡くなった河合隼雄先生[※38]は評論家でもあるんだけれど臨床家ですね。河合先生とはすごく親しかったんだけれども、向こうも私のことを買ってくれていて、買ってくれているところは何かというとそれは西洋的なところではなくて むしろ日本的なところなんですね。私も河合先生の西洋的なところではなくて日本的なところを買っているんです。河合先生は論理的なことよりも日本の昔話をよく使っていますよね。

手東：そうですね。

松井：この今の西洋的なものと東洋的なものとのギャップみたいなものが埋まりようがないというか、それがずっと続くような気がしますね。百年、二百年は続くような気がします。今どんどんベトナムとか東南アジアの国々が近代化しているでしょ。どうなるんでしょうかね。中国は一番顕著ですね。政府は近代化しようとしているが農民は昔ながらですよね。収まらないのではないんでしょうか。このあいだ爆破事件がありましたね。

手束：中国の中にイスラム圏があるんですね。

松井：中国は近代化して西洋化できるんでしょうか。難しいような気がしますね。

手束：ウイグル自治区とかチベット自治区とか、異文化を併合してしまうこと自体が近代の論理ですね。土地があって人々はいる。そこに集権的な権力がなければいくらでも侵攻していいし、そのほうが人々のためにもなるんだと言って、そこに自分たちの機関を作って、元々そこに住んでいた人間の土地とか財産とか文化であるとか、そういうものを無視してしまう。

松井：中国共産党ができて毛沢東が支配してしまったんですけれども、コミュニズムは西洋的なものの中でも、ものすごく論理的なものですよね。情緒を含まない。骨と皮だけでね。

※**37**　**中井久夫**：一九三四-。日本を代表する精神科医、精神病理学者の一人。統合失調症の発病―回復過程の研究は高い評価を受けている。風景構成法などの描画テスト・描画療法の創案、紹介に意を注いだ。文学者でもありギリシャ詩の翻訳などでも知られる。「間」については木村敏（一九三一-）の研究もある。

※**38**　**河合隼雄**：一九二八-二〇〇七。日本を代表するユング派心理学者。主著『昔話と日本人の心』『神話と日本人の心』等。箱庭療法の普及に力を注いだ。臨床心理士の資格認定事業に貢献した。元文化庁長官。

それで統一してしまったわけですよね。それが実際は統一されてない。ソビエトはとうとうだめになってしまいましたよね。

手束：コミュニズムの元であるマルクスはフロイトと同じ時代を呼吸していた感じがします。

松井：私の（思想的）系図でいきますと、一番最初がダーウィンですね。ダーウィンがいてそれが医学の世界と社会学の世界に拡がっていく。社会学の世界はマルクスです。医学の世界はジャクソンですね。大脳生理学ですよね。ダーウィンをジャクソンは医学で引き継ぎ、マルクスは社会学で引き継いだ。そこで分かれている。医学の世界では、ジャクソンから一方ではフランス精神医学に行って、ネオジャクソニズムになる。片方はドイツ・オーストリアに行ってフロイトに行く。フロイトはジャクソンの考え方にそっくりですよね。陽性症状と陰性症状、退行。フロイトは精神分析という形でジャクソンの考え方を生かした面があります。近代の大きな思想はフロイトとマルクス、その大元はダーウィン。それが精神分析の系譜だと思うんですね。マルクス主義はいろんな国を支配していって今は、中国、北朝鮮ですね。それが崩れつつあるというか、中国はもう資本主義みたいになって共産主義ではないですが、どうなっていくのかなという気がしますね。中国なんか収まらないような気がしますよね。あれが一つの国としてやっていけるのかなと。

手束：マルクスは未来図を描いたわけですね。理想状況みたいな。

松井：マルクスは社会学者であるだけではなくて心理学者でもありますね。何が人間を支配しているのかということをやっていますからね。
手束：資本家と労働者の関係ですね。マルクスは未来を描いていますがフロイトは描いてないですよね。むしろ死の本能説を言い出してペシミスティックになっていく。マルクスは戦争の果てに革命が起こると言いますが、フロイトは希望を持ちません。
松井：フロイトとアインシュタインとの対話があって アインシュタインは何かしなけりゃいかんと言うんだけれど、フロイトはだめだ、無駄だと言う。死の本能説で反論しましたね。
手束：悲観主義のほうが生き残っているわけですよね。
松井：そうですね。やっぱりフロイトは、一九〇〇年代の最大の思想家でしょうね。フロイトとアインシュタインはそうですね。もう一人あげるとすればヘーゲルですね。ヘーゲルの弁証法ですね。いずれにせよそれは西洋的なものの中の流れでね。それと無関係なものが東洋にはあるわけですよね。だから西洋的なもので中国は強引に力で抑えようとしていますけれど抑え込めないと思うんですよね。これから世界がどういうふうに変わっていくのか、生きていればおもしろいですね。それを見ようとすれば百五十くらいまで生きないといけない(笑)。七年後のオリンピックだって怪しいのに(笑)、その時ちょうど九十ですからね。
手束：いやいやそれは大丈夫でしょう。

編者 あとがき

手東邦洋

この本は、松井先生による私に対するスーパービジョンの延長として、「心理療法いろはカルタ」を材料にして、カウンセラーや心理療法家の心得を、広く、今それを行っている人々に向けて、語っていただいたものです。「心理療法いろはカルタ」とは、語り手である松井紀和先生の考案による文字通りのカルタです。

松井先生の考え方には、精神分析が基本にあると思いますが、この本の中では、精神分析、精神療法、心理療法、カウンセリング、などの用語が文脈に応じて区別して使われていますが、それらを論理的に区別することよりも、むしろそこに流れる共通な感性、経験、考え方の原則から、その「いろは」が語られています。同じように、治療者、セラピスト、カウンセラーなどの用語も様々に用いられていますが、それらの違いよりも、患者さんやクライエントに対する共通の姿勢、人間としての在り方といった点から、そうした人々の「心得」が語られているのです。松井先生のお話には、心理療法やカウンセリングの様々な潮流を、対個人かグループかを含めて、それぞれの違いによって区別するよりは、違いを大事にしながら、全体として包括する視点があります。

「見る」「聞く」「感じる」が「直感」によって結び合う、大きなまなざしがそこにあります。人間が持っている言語以前のテンポやリズムを聞き取り、音楽を提供する音楽療法家の魂がそこに生きているようにも感じられます。

松井先生は「終戦」を海軍兵学校の在学中に迎え、その後、北海道大学医学部に入学され、軍国主義から戦後民主主義への、死から生への転換を青年期に体験し、医学生としては珍しく、ロシア文学や実存主義にも親しまれました。卒業後精神科医となり、日本の戦後精神分析研究の第一線であった古澤平作先生率いる日本精神分析研究会に参加し、後の日本精神分析学会にも所属されましたが、二十九歳の時に山梨日下部病院院長になられ、何よりも精神病院の開放、精神医療の人間化に力を注がれました。白衣を一切着用せず、率先して運動着を着て患者さんたちと屋内外での運動を共にし、自らピアノを弾いて集団や個人に対する音楽療法を実践し、看護や作業療法（活動療法と称されました）にリーダーシップを発揮しました。そうした活動の中で、個々の患者さんすべてにカウンセリングを行い、可能な人には精神分析や精神分析的心理療法を行い、院内で定期的な精神分析研究会を主宰し、研究を深めました。ソーシャルワーク、音楽療法、ダンスセラピー、心理劇、臨床心理などの専門家と交流し、育成しました。ターミナルの患者さんにも、音楽療法を中心に自ら穏やかな関わりをなさって来られました。病院を退かれ日本臨床心理研究所を開設されてからは、カウンセリングや精神分析療法の実践を中心に、発達に問題のある子ども達への音楽療法、健常者に対するサイコダイナミックグループエンカウンター、各地の施設に出向いて行う音楽療法、等々の臨床活動や各種のセミナーの開催、これらすべてに関する啓蒙、大学での講義、講演等々、精神科領域においておよそ人間ができるすべてのことをなさって来られていると言って過言ではないでしょう。

松井先生の考え方の一方の核には、本文付録の「西洋的なものと日本的なもの」に触れられているようにダーウィン、ジャクソン、フロイト、ビオンという近代西欧の生物学、神経学、精神分析学の論理展開があります。他方では、子どもの頃に、ご自分の胃腸障害を治すために始められたという観世流謡曲や、連歌や俳句、禅につながっていく日本的な感性があります。お話をうかがっていると、物事を切れ味鋭く切断していく論理的なところと、日本語の音《おん》を素材に縦横無尽に連想し、それを包んでいかれる日本的感性の両面を感じます。

言葉の音は、生活の中で呟かれる言葉の音であり、悩みや痛みを訴える言葉の音であり、声であり、歌であり、心理療法や詩歌療法、音楽療法の中での言葉や詩の音です。そこには生きている人間の感情、悲しみや孤独感や決断、ささやかな希望がこめられています。古くから伝わる「いろは歌留多」はどのようなものであれ、こうした様々な局面にある人間の心の生活を、ことわざや格言を介して、音という編み目に着目して収集したものと言えるでしょう。松井先生はもともと講演などで、演題名などのたまたまそこにある音のつながり（例えば「い・ろ・は・か・る・た」）の個々の音に着目して、そこから連想した内容をもとに演題を説き起こし、展開し、筋道を通して結論まで持って行くという、名人芸をなさっておられました。自由連想から言葉を紡ぎ出しながら、演題に沿った内容の論理の筋道をつかみ出し表現されるのです。ある音から何を連想するかはその時々で異なるので、松井先生の話を聞く人は、言葉の感性的な面と論理的な面が見事に統一されるのを目の当たりにするのです。

これは私には人間の言語活動のあるモデルを提示してくれているように思えます。しゃれと真実、雑談と洞察、自由な連想と論理の一致がそこにはあります。クライエントの連想の世界は、われわれが今ここに生きている日本語の世界であり、そこには現代の社会、地域や家族一族の有様、その歴史、日本列島の歴史が反映されています。それは日本文化のある形なのです。

一方カウンセリングや精神分析といった、クライエントを処遇し、治療する考え方や技法には、普遍妥当性、合理性、論理性がなければなりません。それらは西洋文明の中で発展してきた理論やそれに基づく技法であり、欧米で現に行われてきたことや、現に行われていることの日本的な展開です。それらが日本で行われる際に、葛藤を経ながら、日本文化に適合するように、本質を損なうことなく、ある種の変形が生じることは必然的なことです。それが日本の独特な芸能の伝統と接近したり、結びつくこともありうるのではないかと思います。私たちが西洋起源の学問的文化的産物を取り入れながら、基盤の異なる日本文化の特性との葛藤をどうこなしていくか、ということは容易な解答のない、今後も変わらぬ問題であるのではないでしょうか。

この本が、この仕事に従事しておられる多くの医師、臨床心理士、カウンセラーの方々、その初学者の方々、指導者の方々、関心を持つすべての方々のお役に立てれば幸いです。

付記：本書ができあがるまでに録音起こし、校正、イラスト作成などに、神谷志歩さん、今井希依さん、淺井茉裕さん、などの臨床心理士、カウンセラーの方々に協力していただきました。有り難うございました。また、一般読者の視点から文章の校正に手束紀子（長女）の協力を得たことも付記します。

二〇一五年九月　記

＊『心理療法いろはカルタ』の入手先：日本臨床心理研究所
〒四〇〇-〇〇一五　山梨県甲府市大手二-三-二六　E-mail　nrskmatu@eps1.comlink.ne.jp

語り手　略歴

松井紀和　まついとしかず　一九三〇年生まれ。北海道大学医学部卒業。元山梨日下部病院院長。山梨大学教授、北海道医療大学教授を歴任。現日本臨床心理研究所所長。精神科医。日本芸術療法学会理事。音楽療法、精神分析、精神療法、サイコダイナミックグループエンカウンター、精神科看護、精神科作業療法などの実践、指導、教育にあたる。著書：『音楽療法の手引―音楽療法家のための』（牧野出版一九八〇）。『小集団体験（Group Dynamics）―出会いと交流のプロセス』（牧野出版一九九一）。『精神科看護を考えるQ&A』（共著、牧野出版二〇〇〇）。『精神科作業療法の手引き』（牧野出版二〇〇〇）。『心理療法の基礎と実際』（カウンセリング教育サポートセンター二〇〇一）『松井紀和の「スーパービジョン」うまくいかない音楽療法、音楽活動のために』（音楽之友社二〇一一）。他多数。

聞き手・編者　略歴

手束邦洋　てづかくにひろ　一九四八年生まれ。早稲田大学第一文学部卒業。国立聴力言語障害センター付属聴能言語専門職員養成所卒業。元伊豆逓信病院言語療法士。現手束心理言語臨床研究所　目白台心理相談室室長。臨床心理士。共著書『開業臨床心理士の仕事場』（金剛出版二〇一二）等。

イラスト担当　略歴

淺井茉裕　あさいまゆ　一九八六年生まれ。名古屋大学教育学部卒業。現順天堂大学医学部付属静岡病院臨床心理士

いろは歌留多で説くカウンセラー・心理療法家の心得

二〇一五年一一月二〇日　初版第一刷発行

著　者　語り手　松井紀和／聞き手・編者　手束邦洋

発行所　株式会社はる書房

〒一〇一—〇〇五一

東京都千代田区神田神保町一—四四駿河台ビル

電話・〇三—三二九三—八五四九　ＦＡＸ・〇三—三二九三—八五五八

http://www.harushobo.jp/

イラスト　淺井茉裕

印刷・製本　中央精版印刷

ISBN978-4-89984-155-5 C0011